역사 속의 산 여행

역사 속의 산 여행

저　　　자	정태봉
발　행　인	정유리
발　행　처	도서출판 백암
발　행　일	2012년 10월 20일 초판 인쇄
	2012년 10월 25일 초판 발행
등 록 번 호	제313-2002-35호
주　　　소	서울시 마포구 신수동 219번지
전　　　화	02)712-3733
팩　　　스	02)706-9151
전 자 우 편	baekam3@hanmail.net

값 12,000원

ISBN 978-89-7625-147-3   03980

* 저자와의 협의에 의하여 인지를 생략합니다.
* 파본은 구입하신 서점에서 교환해 드립니다.
* 무단 복제 및 전재를 금합니다.

역사 속의 산 여행
강원도 편

정태봉 지음

도서
출판 **백암**

머리말

　1970년대말 부터 시작한 산 여행의 매력은 1998년 공직에서 퇴직하면서도 계속되었다.
　퇴직 전에 산 여행을 하면서 느낀 것은 산은 신비스러울 만큼 숭고하고 겸허하며 과묵하면서도 모든 생명들에 안식을 주는 것이었고 엄숙한 호연지기를 인간들에게 가르쳐 주는 것으로만 알았다.
　그리고 우리 세상은 사람들 중심으로 돌아가는 것이 아니라 산이 있는 대자연이 움직인다는 사실도 알았다.
　또 선조들이 다녀간 발자취에서는 많은 성인들의 정신을 배웠고 문화유산을 답습하였다.

　그러나 퇴직 후 계속하였던 산 여행은 또 다른 진실한 철학이 있다는 것을 깨닫게 하였다. 산에 관련된 모든 전설과 민담과 문화유산 또는 전통들이 그냥 스쳐만 가는 우리네 삶의 단순한 이야기만이 아닌 인간을 정화(淨化)해 간다는 사실인 것이었다.
　그것은 정(情)과 강인(强忍), 그리고 극복(克腹)이었다. 처음에 한 번 가 본 산보다 두 번째 가 본 산은 엄연히 달랐던 것이다.
　그리고 세 번, 네 번…… 여러 번 갈수록 그 산은 너무나 깊은 정을 나에게 심어 주었고, 나를 성(聖)스러운 인간으로 만들어 주고 있었다.

또 몸을 튼튼하게 해주고 마음도 다스려주었다. 육신과 정신 연령이 젊어진 것이다. 더 이상 퇴직 후의 무기력함이라든가 연약함을 찾아볼 수 없게 되었다. 마치 대장간에서 쇠를 달구어 두드리고 갈아 쓸모있는 연장을 만들어 내듯 내 몸뚱어리를 더욱 강인하게 하였다. 그리고 산에 오를 때의 극기(克己)와 인내(忍耐)와 고통(苦痛)은 인간사 모든 고난을 극복하게 하였다.

나는 이 보배스러움을 세상에 전하려고 점점 발달해 가는 교통과 등산길, 그리고 산의 행정구역 등 산의 모든 변화를 새로 정리하고 묻혀 있는 산의 역사를 발굴하여 1997년에 발간된 『이야기 속의 산 여행』과 조화시켜 새로 다녀온 산들을 추가하여 『역사 속의 산 여행』이라는 이 책을 펴내게 되었다.

나의 이 작업이 날로 늘어가는 산 여행가들과 세상에 조금이나마 도움이 되었으면 한다.

끝으로 이 책을 펴 내는 데에 있어 사진 촬영으로 협조해 주신 권명오 이사님 그리고 교정하여 주신 박숙영님께 깊은 감사를 드린다.

2012년 10월

깊은 산 속에서　**정 태 봉**

차 례

머리말 ………………………………………… 4

가리산 ………………………………………… 9
가칠봉 ………………………………………… 15
검봉·봉화산 ………………………………… 20
공작산 ………………………………………… 26
계방산 ………………………………………… 32
노인봉·황병산 ……………………………… 39
덕고산·봉복산 ……………………………… 48
두타산·청옥산 ……………………………… 54
명성산 ………………………………………… 64
백덕산 ………………………………………… 71
백적산 ………………………………………… 79
삼악산 ………………………………………… 84

선자령	91
설악산	100
소금산·간현봉	113
오대산	121
오봉산·부용산	134
치악산	141
태백산	151
팔봉산	162
함백산	169
회령봉	179
백두산	186

가리산(加里山)

1,050.7m

위치 : 강원도 홍천군 두촌면 · 화촌면
　　　춘천시 북산면

■ 개관(槪觀)

　강원도 평창과 홍천지역에 놓여 있는 해발 1,563.4m의 오대산에서 남서쪽으로 웅장하게 뻗어내린 산맥이 홍천에서 북동쪽으로 27km 지점에 다시 솟아 춘천의 소양호를 내려다보고 있는 산이 가리산이다.
　옛 어른들은 이 산의 산정에 곡식을 차곡차곡 쌓아놓은 듯한 암봉이 있어 멀리서 보면 벼의 낟가리를 쌓아놓은 것 같아 이 산을 가리산이라고 부르게 되었다 한다. 또한 이 산은 남쪽의 영월 쪽에서 본다면 영월의 남한강변인 태화산(1,027m)에서 뻗어간 산줄기가 한강기맥을 가로질러 이 산을 만들었고 춘천의 대룡산(899.4m)을 지나 북한강에 가라앉은 내륙산맥이라 영월에서 춘천까지 뻗어간 영춘기맥으로 보아야 할 것이다. 이 산은 대체적으로 덩치 큰 육산인데 산정에 거대한 암봉이 3봉으로 이루어져 있어 꼭 육산이라고는 할 수 없으나 정상에서 발아래로 내려다보이는 소양호의 풍경이 장쾌하고 북쪽의 향로봉에서 설악산을 거쳐 오대산으로 연결된 백두대간과 영동지방의 고산준령들이 파도처럼 일렁이고 있어 힘차 보이고 정상 아래 암벽에서 끊임없이 흘러나오고 있는 약수가 있어 더욱 유명하며 1995년에 가리산 휴양림이 조성되어 우거진 숲과 오래된 소나무들이 등산객들을 유혹하고 있는 산이라 하겠다. 그리고 산자락에 있는 자그마한 폭포가 등산객들에게 정취를 느끼게도 하며 능선길에 일부러 재배하고 있는 듯한 진달래꽃이 강원지방에서 제일이라는 말이 나올 정도로 장관을 이루고 있어 좋은 산행지로서 안성맞춤이라 하겠다.

가리산 정상의 곡식을 쌓아놓은 듯한 암봉

■ 여정(旅程)

요즈음 중앙고속도로는 한반도의 동부 내륙지방을 남북으로 가로지르며 차량이 정체됨이 없이 질주하고 있어 상쾌하다. 중앙고속도로는 경부 280km 지점인 대구광역시 북구 금호동에서 출발하여 경상북도의 안동과 영주 그리고 충청북도의 제천, 강원도의 원주 등지를 거쳐 영동고속도로 123.5km 지점인 만종분기점에서 갈라져 홍천을 거쳐 춘천인터체인지에서 끝나고 있다. 원래 이 지역은 수송 수단이 미비하여 풍부했던 지하자원을 개발하지 못하고 있었는데 중앙고속도로 개통과 함께 개발의 박차를 더하게 되었고 태백산맥과 소백산, 치악산 등 국립공원이나 충주호를 비롯한 단양권의 관광자원이 많은 지역을 통과하게 되어 동부내륙의 지역개발을 촉진시킴은 물론 전 국토의 균형 있는 발전을 가져오게 되었던 것이다.

이 중앙고속도로를 이용하여 홍천IC를 빠져나가니 바로 인제로 이어지는 44번 국도를 달리고 있었다. 이 국도 따라 홍천군 두촌면에 들어서서 조금 가다보면 왼쪽으로 가리산 휴양림으로 이어진 지방도로가 연결되어 있었다. 도로에 설치되어 있는 이정표를 따라 가다보면 20여분 후에 매표소도 나오고 또 더 가면 주차 시설도 되어 있었는데 벌써 주차장에는 대형버스들이 도착하여 많은 등산객들이 하차하고 있었다.

■ 가리산 자연휴양림

이 산의 동쪽 산자락인 천현리에 자리 잡고 있는 자연휴양림은 홍천군에서 관리하고 있었다. 이 휴양림은 1998년에 개장된 것으로 구역 면적은 305만㎡로 1일 최대 수용인원은 1,500여 명이었으나 500여 명이 적당할 것 같았다. 이 휴양림은 꽤 넓은 분지에 자리 잡고 있었는데 노송들이 기암괴석과 어우러져 자연미가 있었고 입구에 있는 8m 정도 높이의 폭포와 작은 장구실 골짜기와 큰 장구실 골짜기에 용수간 폭포 등이 있어 차고 맑은 계곡물은 이 산의 정기를 더욱 발휘하게 할 것 같았다. 그리고 이 휴양림에는 다목적 광장을 비롯하여 어린이 놀이시설과 물놀이시설, 체육시설, 민속놀이장, 텐트장, 취사장, 삼림욕장, 청소년수련원, 야외교실 그리고 산책로와 살균성분이 함유되어 있다는 통나무집들이 갖추어져 있어 가족 또는 어느 단체의 휴식처로 좋을 것이라고 생각되었다.

■ 등산길

 주차장에서 나오니 오른쪽으로 산막으로 가는 포장도로가 있었다. 그 반대쪽인 왼편으로는 등산로 표시가 되어 있었는데 오른쪽 산막들이 있는 곳으로 올라가야 빠를 것 같았다. 산막으로 올라가니 수목에 매어달린 나무 이름표가 보기 좋았고 그 수목들 사이에 산막들이 투명한 공기 속에서 선명히 드러나고 있었다. 그 산막을 돌아서니 포장도로가 끝나고 계곡 왼쪽으로 등산길이 나 있었다. 조금 오르다보니 주차장에서 나오면 왼쪽으로 나 있던 등산로와 만나게 되어 있었는데 그 길이 원래 등산로였다. 비탈길로 된 오르막길이 좀 고통스러웠다. 왼쪽 능선길로 다시 접어드니 계곡에서는 점점 멀어지고 너덜겅산길이 나타나기도 했다. 30분쯤 오르다가 휴식을 취한다. 다시 시작한 등산길은 흙길에 낙엽이 쌓인 전형적인 등산길과 너덜겅길이 반복되고 있었다. 얼마를 오르다보니 지능선이었다. 그 지능선으로 올라붙고 보니 그 길이 정상으로 가는 등산로였다. 그 길을 따라 오르고 올랐다. 경사가 완만하고 등산로가 널찍하여 한결 편했다.

 길옆으로 노송과 참나무들 사이사이로 철쭉과 싸리나무, 드릅나무 그리고 산초나무들이 우거지고 그나마 하늘이 보일 듯한 곳에서는 애기동풀과 피나물 등이 늘어서 자생하고 있었다. 그 속을 일렬로 늘어서 오르고 있는 우리 일행들의 모습이 보기 좋았다.

 이렇게 풍성하고 너그러운 품속에 우리 일행들은 땀을 흘리면서도 육신에 건강을 부여하고 늙어가는 생(生)에 용기를 불어 넣으며 산의 정기를 흠뻑 빨아들이고 있었다.

 우리들은 살아오면서 때 아닌 삶에 광풍이 불때면 산에 올라 새로운 활력소를 마시며 인생을 달랬다. 오늘따라 산에 오르니 덧없는 인생의 권태가 한결 씻기는 듯했다. 그러나 등산길은 갑자기 로프가 매여 있는 급경사를 오르게 되고 암벽을 오르게도 되었다. 마치 살아온 날들처럼…….

　그런 등산길은 언제나 용기와 극기와 인내가 필요했다. 그렇게 올라서 위쪽을 바라보니 잡목들 사이로 가리산 정상인 바위봉들이 모습을 드러냈다. M자형으로 이루어진 제1봉과 2봉, 3봉이 곱게 물든 단풍나무 사이로 바라보이고 있었다. 힘을 북돋아 정상으로 향했다. 2봉과 3봉을 오르고 내리고 하며 주봉인 1봉으로 올랐다. 그 길은 험난하였다. 로프를 잡고 암벽을 타고 팔과 다리 힘을 다하여 올라야 했다. 이것은 등산이 아니라 온몸을 바쳐 올라야 하는 등반이었다.

■ 정상에서

　정상의 표지석에는 1996년 7월 1일에 홍천군수가 세웠다는 표시 외에 산의 높이 표시는 없었다. 무한한 희열을 느끼며 주위를 바라보니 한꺼번에 들어오는 조망이 매우 경탄스러웠다. 서쪽으로 바라보이는 대룡산(899.3m)이 너무 가깝게 보여 한걸음에 뛰어내릴 듯 경망스럽기까지 하였다. 북쪽으로는 소양호의 상류지점인 물놀이 뱃턱이 보이고 오늘도 그 배를 이용하여 그쪽으로 오르는 등산객이 보일 것 같았다. 우리들도 시간만 있으면 그쪽으로 하산하여 배를 타고 춘천 쪽으로 건너가고도 싶었다.

　동북쪽으로는 설악산 대청봉이 날씨가 맑지 아니하여서인지 나타났다가 사라지곤 하고 있었다. 산정 아래쪽으로 가을 밭곡식들이 익어가며 가리를 이루듯 낙엽송단지가 볏단처럼 출렁이고 있었다. 이렇게 사방으로 둘러 처진 내륙 깊숙한 산골짜기에 우리들이 서 있다는 것이 천군만마(千軍萬馬)에 군림하고 있는 어느 쾌승장군(快勝將軍)처럼 교만스러워지기도 하였다. 그러나 내 인생에 이렇게 "풍요로운 곳에 또 한 번 더 올 수 있을까?" 하는 비애가 살며시 스며들기도 하였다. 때마침 가리산 휴양림과 주차장이 바라보이는 산 아래쪽에서 산바람이 살며시 불어오고 있었다.

■ 가리산 약수

　하산길에 사시사철 흘러내리는 석간약수를 마셔 보았다. 이 물은 바위틈 사이로 조금씩 솟아나오고 있었는데 나무대롱을 누군가가 꽂아놓아 받아먹기가 편리하였다. 이렇게 바위틈 사이로 방울방울 흘러나오는 물이 홍천강의 발원지라고 하니 과연 한 방울씩 모이는 물이 대해를 이룬다는 말이 맞을 것만 같았다. 줄을 서서 한참을 기다려 물을 마셔보니 뭐 특별한 맛은 없는데 생기가 나는 듯하였다.
　하산하면서 우리 일행들은 다른 날들처럼 이 주변의 볼거리들을 이야기하고 있었다. 이곳 동면에 있는 공작산(887.4m)과 수타사(壽陀寺)가 산도 좋고 절도 좋다는 둥 서면에 있는 팔봉산(八峰山, 327m)은 더 아름답다는 둥 홍천온천은 어떻고 대명스키장은 어떻고……. 어느새 늦가을의 짧은 하루가 이렇게 오순도순 산길을 내려오며 저물어가고 있었다. 산행을 시작한 지 3시간 30분이 걸린 셈이었다.

가칠봉(柯七峰)

1,240.4m

위치 : 강원도 홍천군 내면
　　　인제군 인제면

■ 여정

　인천에서 동해시까지 뚫린 영동고속도로는 그 끝에 넓은 바다가 펼쳐져 있다는 생각에 달리는 기분이 더욱 상쾌하다. 그래서 차창에 부딪치는 먼지 섞인 바람조차 시원스럽다. 강원도 평창군 속사 IC에서 좌측으로 회전하여 북쪽에 드높이 솟아 있는 계방산(1,577.4m)을 바라보며 1,089m나 되는 운두령을 넘어섰다. 그러면 자운천계곡이 차창밖으로 흐르고, 맑은 물이 서로 부딪치는 내리천계곡과 계방천계곡을 끼고 오르게 된다. 이 계곡의 끝머리에 장엄하게 뻗어있는 백두대간의 구룡령(1,013m)을 바라보며 달리다가, 양쪽으로 돌탑이 있는 삼봉약수 입구에서 북쪽으로 좌회전하여 약수터에 접어들었다. 목적지인 가칠봉이 점점 가깝게 다가왔다. 삼봉약수터까지 직접 운행하는 버스는 홍천에서 아침 7시에 출발한다. 양양에서는 오전 12시가 첫 출발버스다. 홍천에서 약 1시간 간격으로 운행되는 창촌행 직행버스를 타면 종점인 삼봉약수 입구 샘골에서 내린다. 거기서 약수터까지는 약 4km로, 걸어서 올라올 수 있다. 서울, 춘천, 원주 등지의 홍천행 버스는 고속과 직행이 번갈아 운행되므로, 이곳을 찾는데 그리 불편하지 않다.

■ 삼봉약수

　이곳 강원도는 명산이 많듯 청정한 약수도 많다. 약수는 모두 설악산과 오대산을 연결하는 산자락에 있다. 양양, 홍천, 평창군 등 비교적 산간지에 있는 셈이다. 한계령 너머에 있는 오색약수, 인제 기린면의 방동약수, 구룡령 너머의 갈천약수, 미천골의 불바라기약수, 그리고 계방산 동쪽의 방아다리약수 등이다.
　삼봉약수는 12°C의 수온에 설탕만 넣으면 사이다가 된다는 함탄산철천(含炭酸鐵泉)이라고 안내판에 쓰여 있었다. 바가지에 물을 가득 떠서 꿀꺽 마시고 나니, 실제 금방 트림이 나오는 듯 속이 시원해진다. 이 약수는 500여 년 전에 발견된 것으로 추정된다. 그러나 발견 시기가 조선 숙종조라는 얘기도 있다.
　전해져 오는 민담에 의하면 조선 숙종의 외삼촌이 강릉으로 유배를 가고 있을 때 중간에 너무 갈증이 나서 샘을 찾으러 이 산골로 들어왔다. 그런데 그는 그만 말에서 떨어졌다. 그때 그의 눈에 이 삼봉약수터가 보였다는 것이다.
　이 약수터의 실질적인 개발이 시작된 것은 1979년 삼봉약수산장을 지으면서부터라고 한다. 약수터까지의 길은 비포장이지만 넓게 닦여 있고 좌우의 캠핑장이라던가 삼봉약수산장의 꾸밈, 그리고 아름드리 전나무, 낙엽송, 피나무 등이 잘 조림된 것이 인위적인 개발의 흔적이 역력하다. 울창한 숲 속의 의자와 평상은 이곳을 찾는 사람들의 휴식에 도움을 주고 있다.

■ 산 이름

　가칠봉과 응복산(1,155.6m), 갈전곡봉(1,204m)의 세 봉우리는 이 약수터를 에워싸고 있다. 그래서 약수터의 이름이 삼봉이라고 지어진 것이라고 한다.

　가칠봉은 강원도 인제지방에도 있다. 1164.7m 높이의 봉우리인데 이곳의 가칠봉과는 한자가 서로 다르다. 이곳의 가칠봉은 한자가 柯七峰이고, 그곳의 한자는 加漆峰이다. 구태여 뜻을 밝혀 본다면 전자의 가칠(柯七)은 가지가 일곱이라는 뜻이고, 후자의 가칠(加漆)은 옻칠을 더했다는 뜻이다. 그러나 발음을 가지고 얘기해본다면 가칠의 '가'는 한글 '갓'에서 비롯된 것일 것이다. 이것은 가장자리를 뜻하는 것으로 보아야 할 것 같다. 그러므로 가칠산은 변두리의 외진 곳에 있다는 뜻이 아닐까? 사실 이 산은 지도를 놓고 보면 오대산으로 뻗어내린 백두대간의 갈전곡봉에서 서쪽 가장자리에 있다. 자세히 보면 산줄기가 인제군과 홍천군의 경계를 만들며 서남쪽으로 뻗어내려 응복산, 사삼봉, 구룡덕봉, 방태산, 개인산, 침석봉, 숫돌봉 그리고 매현봉 등 해발 1,000m의 산들과 연결되어 있다.

■ 등산길

　산장 뒷길로 이어져 있는 등산길은 경사가 심하다. 이 길은 가칠봉에서 곧바로 남쪽 능선으로 뻗어내린 오솔길이다. 경사가 심해 거의 기다시피 해야 한다. 좌우로 수목들이 꽉 들어차 있어 가슴이 더 답답하다. 서쪽의 응복산 능선쪽만이 나뭇가지 사이로 가끔 건너편의 풍경이 보일 뿐 정상을 찾을 길이 없다. 헐떡거리는 숨을 몰아쉬며 가파른 언덕을 올라서니 드디어 응복산으로 뻗어간 길을 밟을 수 있다.

　북쪽으로 파란 하늘이 트이며 조망이 넓어지기 시작한다. 가칠봉을 가운데 두고 양쪽으로 갈전곡봉과 응복산 봉우리가 윤곽을 드러냈다. 그것은 틀림없이 풍수가들이 말하는 '좌청룡 우백호' 같다. 밑으로 이 봉우리들에 둘러싸인 삼봉약수가 솟아나고 있으니 단연 명당이 아닐까!?

■ 정상에서

　우람하게 펼쳐진 명산치고 정상은 비좁고 초라하기만 하다. 넓이가 불과 3~4m밖에 안 되나 요즈음 홍천군에서 매끈한 대리석으로 정상 표지석을 세워 놓아 쓸쓸하지는 아니하였다. 사방을 바라보니 산봉우리들이 서로 더 높게 보이려고 들쑥날쑥 키 다툼을 하고 있는 장관에 입이 벌어졌다. 동쪽에는 갈전곡봉 너머로 설악산이 광활하게 흐르고, 남으로는 사참봉(1,106.8m) 너머의 오대산 연봉이 출렁이고 있다. 서쪽으로는 구룡덕봉이 소담스럽게 솟았고 그 발밑에는 방태천 골짜기가 깊게 파여 있다. 동쪽으로 1,005봉과 1,074봉 너머 양양으로 뻗어간 국도가 구불구불 산허리를 타고 산속으로 묻혀간다. 그리고 멀리 파랗게 펼쳐져 있을 동해가 안개에 싸여 수평선을 그리고 있다.

매끈한 대리석의 정상 표지석

　정상이 비좁으면 어떠랴! 이렇게 광활하고 장엄한 산이 보이고 지평선이 보이는데, 두 손을 동그랗게 모아 입에 대고 "야호!" 힘차게 소리를 지른다.

■ 하산

　서쪽 능선길로 하산하니 산이 막혀 답답하다. 길은 경사가 급한 내리막길이고 좌우로 수림이 빽빽이 들어차 더욱 암담하다. 그러나 해는 기울어져가니 줄달음치지 않을 수 없다. 응복산으로 뻗어 오르는 능선을 거쳐 잘록하게 굽어진 비탈길을 미끄러져 내리니, 서쪽으로부터 '졸졸졸' 물 흐르는 소리가 들린다. 죽은 아름드리 통나무가 잡풀 위에 드러누워 있고 푸른 이끼를 뒤집어쓴 바위가 나무그늘 밑에 처량하게 놓여 있다. 하산 길은 아직도 끝 간 데가 없다. 얼마 동안 발자국 소리만 숨 가쁘게 들렸다. 솔바람, 산새 그리고 시냇물 소리가 한데 섞여 음악이 되어 천천히 흘러나온다. 가끔 오솔길 옆 골짜기에 파란 웅덩이가 나타나고, 한참 물들기 시작한 단풍이 저녁 햇살을 받아 더욱 아름다운 빛깔을 머금는다.
　이곳엔 오염이 없고 속세의 그 흔한 부정도 없다. 그냥 맑기만 하다. 세상이 이렇게 맑을 수 있다면 얼마나 좋을까. 영원히 이룰 수 없는 꿈인 걸까? 언제나 산에 오면 이런 생각이 난다. 부질없는 것인 줄 알면서도……. 그러나 비록 우리가 그야말로 꿈꾸는 대로 살 순 없지만 산을 가까이 하고 향기를 맡으며 닮아갈 수 있지는 않을까? 그런 소망을 가지니 발걸음이 더 가벼워진다.

검봉(劍峰) · 봉화산(峰火山)
530m　　　　　　　487m

위치 : 강원도 춘천시 남산면 강촌리 · 창촌리

■ 개관

　이 산은 강원도 춘천시에서 남쪽으로 남산면에 놓여있는 산으로 서쪽으로는 백양리, 동쪽으로는 창촌리 그리고 북쪽으로는 북한강이 유유히 흐르고 있어 산수가 아름답다. 북한강 건너에는 삼악산(654m)이 마주보이며 남쪽으로 봉화산(487m)이 한 산맥으로 이어져 있어 두 봉우리를 산행하는 등산객들이 많다. 그리고 동쪽으로 금병산(652m)과 대룡산(899m), 서쪽으로 호명산(630m)과 화야산(755m)등 등산객들이 많이 찾는 산들이 주변에 있어 사람들에게 널리 알려진 산이기도 하다. 더구나 이 검봉과 봉화산 암층사이로 물줄기가 쏟아지는 구곡폭포가 있어 겨울에 얼어붙은 빙벽을 이용하여 등반가들이 등반 훈련을 하는 산이기도 하다. 또 그 폭포 상류쪽 분지에는 10여 가구가 살고 있는 높은 마을로 유명한 문배마을도 있어 관광과 등산을 함께 할 수 있는 산이기도 하다.
　등산코스는 경춘선 강촌역에서 가까운 강선사를 거쳐 정상에 오른 뒤 구곡폭포로 하산하는 길과 강선사에서 출발하여 검봉 정상을 거쳐 갈림계곡으로 내려와 백양역으로 가는 길, 그리고 남쪽 봉화산을 거쳐 능선을 타고 검봉으로 가는 길 등 비교적 등산길이 잘 다듬어져 있어 시간과 장소에 따라 선택할 수 있어 편리하다고 생각되었다.

■ 강촌유원지(江村遊園地)

경춘가도를 달리는 기분은 언제나 상쾌하다. 봄철에는 꽃이 활짝 피어 북한강 푸른물에 드리워지고 여름에는 짙푸른 녹음이 물속에 잠겨있다. 가을에는 현란하게 단풍든 산이 물속에 떠있고 겨울에는 눈에 덮인 하얀 산이 물속에 그림을 그린 듯 비추고 있다. 하루에도 그 변화는 계속된다. 아침에는 해가 산위에 뜨는 것이 비춰고 한낮에는 푸른 하늘에 흰 구름이 흘러가는 것이 잠기고 저녁엔 황혼빛 노을이 붉게 물들이 우고 밤에는 밝은 달이 물위에 떠 있어 모여드는 사람들로 하여금 자연에 도취하게 만든다.

서울에서 떠나면 대성리에는 국민관광 유원지가 있고 청평과 가평, 강촌에도 유원지가 있는데 곳곳의 경치가 빼어나다. 그러기에 경춘가도는 가족나들이로, 또는 친구사이든 연인사이든 혼자이든 환상의 드라이브코스로 항상 붐비고 있었다.

46번국도인 경춘가도뿐 아니라 경춘선 열차여행도 낭만적인 추억의 여행이 되고 있었다. 옛날에는 청량리역에서 춘천까지의 87.3km를 경춘선이라 하였지만 지금은 서울시가지의 확장에 따라 성북역에서 출발한다. 그 기찻길은 단선이었지만 2010년 12월 21일 복선 전철로 상봉에서 춘천까지 개통되었다.

이 경춘선 열차여행도 북한강변을 달리고 있어 경치가 좋다. 그중에서 강촌유원지는 대학생들의 MT장소로 유명한 곳이다. 지금도 강촌역과 승강장 벽면에는 수많은 추억의 낙서들이 있다. 경춘가도와 경춘선이 나란히 뻗어간 강촌교를 건너면 그곳에서부터 유원지가 펼쳐져 사시사철 상춘객들이 붐빈다. 강물은 맑고 봉화산과 검봉이 그 맑은물에 어우러지고 구곡폭포는 하나의 그림처럼 흰 물방울을 튕기며 물줄기를 뻗치고 있다. 이곳은 서울에서 가깝고 교통이 편리하다 보니 아름다운 강변을 따라 캠프촌과 유스호텔을 비롯하여 민박, 숙박시설 등이 경치 좋은 곳에 들어서 있고 자전거 전용도로, 서바이벌 게임장, 번지 점프장, 자동차극장, 라이브카페 등 각종 놀이시설도 많아 젊은이들이 많이 모여들고 있었다. 그리고 거리에는 춘천 명물인 닭갈비와 막국수집, 24시 편의점들이 들어서 있어 젊은이들로 하여금 낭만과 약동을 묻어나게 하고 있는 곳이었다.

■ 강선사

  등산길로 접어드는 들머리는 넓은 시멘트 포장길로 오르막길이었다. 그 시멘트길을 10여분 올라 오른쪽으로 돌아서보니 암봉 하나가 우뚝하게 앞에 서 있고 많은 등산객들이 그 길을 따라 오르고 있었다. 우리 일행도 그 행렬을 따라 올라갔다.
  어느 정도 올라갔을 때 오른쪽으로 강선사 입구표지가 서 있었다. 다른 사람들은 등산길로 직진하여 올라가고 몇몇 일행들은 강선사 길로 접어들었다. 5분쯤 들어가니 절 이름이 새겨져 있는 석탑이 서 있고 두 개의 전각과 요사채(요사, 절에 있는 승려들이 거처하는 집)뿐인 절마당에 들어섰다. 작은 절에 오고가는 이 한 사람도 없어 적막하기만 하였다. 그러나 검봉산의 산세와 조화를 이루고 있어 강한 기(氣)가 맺히고 있는 곳이었다. 산중턱에 약간 올라선 절터는 정면으로 북한강물이 흘러들어와 풍수지리에서 이야기하는 득수가 좋고 그 너머 안산이 높지만 이 절터도 높아 잘 어울렸다. 우백호는 남산면 쪽에서 뻗어 나와 강촌역까지 휘감고 지나가 이 절을 품고 있는 듯했다. 좌청룡은 이 산의 주산격인 산이었다. 그 산은 마치 어느 여인의 치마를 넌 것 같아 약간 음란기도 있는 듯하였다. 그래서 이곳 강촌은 젊은 남녀들이 어울려 젊음을 발산하고 있는 듯하였다. 이 절은 앞으로 산세가 좋아 수도 도량으로서 높이 승화될 것으로 생각되었다.

■ 등산길

 강선사를 다시 나와 갈림길로 되돌아왔다. 등산로는 황톳빛 흙길로 완만하면서도 오르막길이었다. 등산객들은 여전히 많았다. 20여분 오르다가 잠시 휴식을 취하며 전망을 바라보니 경춘가도와 북한강이 굽어보이고 강 건너에는 우뚝 솟은 산봉우리가 장관이었다. 다시 비탈길을 올라서니 435봉이었다. 그곳도 전망이 좋았다.
 북한강 너머로 가덕산(858m), 계관산(736m), 복배산(867m), 그리고 그 너머로 명지산(1,267m)이 바라보이고 있었다. 아직도 검봉은 왼쪽으로 뾰족하게 올려다보아야 했다. 그곳에서 남쪽으로 약간 내려가는 길은 암릉으로 된 가파른 길이었다. 다시 오르막으로 이어진 길도 암릉이었다. 오른쪽과 왼쪽으로 반복하며 돌아가 암릉에 올라섰다. 또 한 봉우리가 암벽으로 서 있고 이제는 경춘가도와 북한강이 더 멀리 굽이굽이 곡선을 그리며 바라보이고 있었다. 그 암릉을 내려서 오른쪽으로 조금 가다보니 검봉산 관망대라는 표지가 있었으나 철망으로 둘러쳐 있어 들어갈 수 없었다. 아마 안전 때문에 철책을 쳐 놓은 것 같았다. 414봉도 지나고 송전탑도 지나고 삼각으로 된 말뚝도 지나니 검봉은 가파른 비탈길이었다. 마지막 힘을 다하여 암릉으로 된 정상에 올라섰다.

■ 정상에서

 정상에는 두 개의 정상석에 "검봉 530m"라 표시되어 있고 삼각 표지석도 있었다. 서쪽으로 백양리 일대와 동쪽으로 창촌리 일대가 보이고 북쪽으로 바라보이는 북한강 줄기는 역시 일품이었다. 저 북한강은 한강의 지류 가운데 가장 긴 강이다. 유량이 풍부하기 때문에 댐 건설에 유리하여 소양강 다목적댐과 화천댐, 춘천댐, 의암댐, 청평댐 등이 생겨났고 이 산 부근에도 춘천호, 소양호, 의암호 등 여러 호수도 건설되었다. 이렇게 물과 산이 어우러진 경관 속에 칼과 같이 생긴 검봉에 서서 우리들은 개선장군처럼 이 땅에 펼쳐진 금수강산을 만끽하고 있었다.

매끈한 대리석의 정상표지석

■ 문배마을

정상에서 훈훈한 정을 느끼며 준비해 간 도시락으로 점심을 먹고 갈 길이 먼 우리들은 바쁜 걸음으로 하산 길에 접어들었다. 등산길은 문배마을이 있는 남쪽길인데도 빙판을 이루고 있어 조심스러웠다. 양 옆으로는 울창한 잣나무 숲과 낙엽진 굴참나무 군락지가 숲을 이루고 있어 상쾌한 기분이 들었다. 30여분 내려오다 보니 10여 가구 시골풍경의 마을이 나타났다. 해발 200여m에 있는 문배마을이었다. 문배나무는 원래 산간에서 자생하는 배보다는 작고 돌배보다는 큰 열매가 맺히는 나무다. 문배마을은 이 문배나무가 많아서 생긴 이름이 아닌 듯 문배나무는 찾아보기 힘들었다. 그렇다고 토속주인 문배주와도 관계없었다. 다만 "마을의 형태가 짐을 가득 실은 배와 같아서 문배마을로 불려왔다."고 문배식당 주인은 말했다. 이 마을은 보통 시골마을과 똑 같았다. 약 200여 년 전에 마을이 이 높은 곳에 생겼다는데 근래에 옛날 초가를 보수하여 식당들을 만들고 상춘객들이나 등산객들을 맞아들이고 있었다. 떠나올 때 식당주인에게 "등산로 말고 다른 길은 없느냐"고 물어보니 옆 마을에 한 3시간 정도 가는 길이 있다고 말하는 것을 보면 산속 외딴마을임에는 틀림없었다.

■ 구곡폭포(九曲瀑布)

오솔길로 된 능선 안부를 다시 올라가 문배마을 어귀를 돌아서 구곡폭포로 내려서는 길은 로프난간길이라 힘이 들었다. 문배마을에서 봉화산에 올라갔다가 내려오려고 하였으나 여행길이 너무 멀고 오늘 하루해도 어느덧 기울어가는 오후이고 보니 서둘지 아니하면 아니 되었기 때문에 직접 구곡폭포로 내려오기로 하였던 것이다. 30여 분 만에 내려선 구곡폭포는 50여m의 절벽위에서 쏟아져 내리고는 있었으나 수량은 그리 많지 아니하였다. 이 폭포수는 아홉 굽이의 계곡을 따라 흘러내린다 하여 구곡폭포라 이름지었다 하는데 벽바위 높은 곳에서 쏟아져 시원한 정취를 느낄 수 있었고 주변 경관이 아름다워 산책객들이 많이 찾고 있는 것 같았다. 또 이 폭포가 겨울에 얼어붙어 빙벽을 이루면 많은 등반가들이 정열을 불태우며 빙벽등반 훈련을 한다는데 한 겨울에 다시 찾아가보면 어떨까 생각되었다.

1981년 춘천시에서는 이곳을 관광지로 지정하였고, 앞으로도 계속하여 예산을 세워 문배마을은 산촌마을로, 구곡폭포 지구는 휴식과 산책공간으로 더 개발할 계획이라 하니 언젠가는 다시 가볼 것을 기원해 보며 계곡을 따라 구곡정 정자를 거쳐 유원지 식당가로 내려와 춘천 닭갈비를 안주삼아 시원한 소주 한 잔으로 오늘의 산행을 마감하였다.

공작산(孔雀山)
897m

위치 : 강원도 홍천군 화촌면·동면

■ 공작새가 알을 품고 있는 형상

공작산은 그 이름부터 아름답기 그지없다. 우리나라의 산 이름은 대개 그 지역의 명칭을 따 붙인 경우가 많다. 그런데 공작산은 다르다. 무엇 때문에 이런 이름이 붙은 걸까?

공작산은 마치 부처님의 품 속 같이 온화하다. 또한 아름다운 공작새의 날개짓 같은 산맥 속에 수타사가 자리 잡고 있다. 실제로 이 산은 풍수지리학적으로 공작포란지형(孔雀抱卵之形)으로 명산으로 꼽힌다. 동용공작(東聳孔雀)하고 서치우적(西馳牛迹)하며 남횡비용(南橫飛龍)이요 북류용담(北流龍潭)하다. 즉, 동쪽에는 공작이 솟아오르고 서쪽에는 소가 달리며, 남쪽에는 용이 날고 북쪽에는 용의 연못이 흐른다는 것이다. 과연 이 산은 이름만큼이나 아름답다. 10km 정도 길게 서쪽으로 뻗은 주능선은 공작이 등을 낮추고 있는 듯하다. 정상은 암봉(岩峰)으로 솟았는데, 오똑 세운 공작의 머리 같다. 그리고 740봉을 거쳐 공작고개를 딛고 동면으로 흐르고 있는 남쪽의 산능과 그 반대쪽 화촌면 군업리 쪽으로 뻗어 내린 북쪽의 산능은 공작의 양쪽 날개다. 공작이 품은 알은 바로 수타사다. 어여쁘고 탐스러운 새끼 공작을 까려는가. 공작산은 소중히 수타사를 품고 있다.

■ 이름이 알려지다

- 월인석보(月印釋譜)

　강원도에 유명하고 높은 산이 많다 보니 공작산은 사람들이 거의 모르고 지나쳐 버리거나 알고도 뒤로 미루는 경우가 많다. 산이 높다고 잘난 것이 아닐 텐데, 사람들은 대개 높고 큰 산을 먼저 찾는다. 그러나 이 산은 고서에도 실려 있다. 게다가 요즈음 등산해 볼만한 산이라고 사람들에게 알려지기 시작했다. 그 원인 중 첫째는 1957년 4월 14일 수타사(壽陀寺)에서 「월인석보(月印釋譜)」 17·18 두 권이 발견되었다는 것이다. 「월인석보」란 「월인천강지곡(月印千江之曲)」과 「석보상절(釋譜詳節)」을 합하여 편찬한 것으로 석가의 공덕을 찬양한 책이다. 조선 세조 5년 (1459) 「월인천강지곡」의 각 절을 본문으로 하고 그와 같은 내용의 「석보상절」을 주석(註釋)으로 하여 간행한 것이다. 이것은 훈민정음 간행 이후 제일 먼저 나온 불경언해서(佛經諺解書)여서, 당시의 글자나 말을 그대로 보존하고 있기 때문에 국문학사에 귀중한 문헌이다. 이것은 모두 20여 권으로 동방학연구소에서 7·8권을 소장하고 있으며, 9·10권은 국립도서관에서 그리고 17·18권은 이 수타사에 소장되어 있다. 이것은 보물 제745호로 지정되었다.

- 오염이 없고

　공작산 남쪽 골짜기를 감싸 안고 흐르는 덕치천은 환경오염에 찌든 현대인들에게 휴양지로서 인기가 있다. 이 계곡은 굽이마다 넓은 반석이 있고, 맑은 물이 흐른다. 그 둘레는 푸른 소나무로 덮여있어 시원하고 아늑하다. 도시생활은 문명의 혜택을 받으므로 살기가 편리하지만 환경오염과 교통체증, 그리고 수많은 사건과 사고의 빈발로, 탈출하고 싶을 때가 많다. 그리고 엄청나게 북적대는 인파들, 사람과 부대끼며 사는 것이 아무리 정다워도 지나치면 싫증나게 마련이다. 그러나 언제나 신선하며 심미로운 계곡은 아무리 보고 또 보아도 멀미 나지 않는다. 공작산이 사람들 입에 오르내리게 된 원인, 두 번째는 이런 궁곡(窮谷)의 청류(淸流) 때문이 아닌가 한다.

■ 여정

서울에서 강원도 홍천까지는 양평을 통하거나, 춘천을 거치는 두 길이 있다. 춘천을 통하는 것이 좀 멀기는 하지만, 쾌적하고 신선한 멋이 있다. 춘천가도는 4차선인데 홍천까지 한적한 계곡길이다. 양평을 통하는 것도 그런대로 상쾌하고 거리도 가깝다. 양평을 지나서 오대산까지가 다 홍천군인데, 면적이 남한에서 두 번째로 넓다. 이 지역의 80% 이상은 산이다.

홍천에서 50분마다 운행되고 있는 노천리행 시내버스를 갈아타고 공작산 입구인 옥치에서 내리니 고향에 찾아온 것 같이 포근하다. 어디론가 흘러가는 덕치천(德峙川)을 1km 정도 따라 오르니 계류가 'ㄱ'자 모양으로 선회하는 곳에 다리가 놓여있다. 물가엔 아담한 동산이 있어 둘러보았다. 이곳은 용씨(龍氏) 선조들의 유허지(遺虛地)로서 사당과 정자가 세워져 있다. 이곳이 등산로의 입구가 된다. 동면 녹초리에서 이곳까지 4km, 약간의 택시비가 소요된다. 이곳에서 2.5km쯤 들어가면 수타사 입구로, 민박할 수 있는 곳은 두세 군데 있다. 내촌리 일대에서도 민박이 가능하다고 마을사람들은 말한다.

■ 수타사(壽陀寺)

수타사 입구로 가는 길은 해묵은 노송이 뒤덮고 있다. 소나무들은 저마다 푸르름을 뽐내고 있지만 교만하게 느껴지지는 않는다. 깊은 골짜기에는 청류가 풍부하고 곳곳에 심연이 형성되어 있다. 몇 십 리를 뻗은 협곡은 비경에 묻혔고, 그 둘레를 끼고 수타사가 시원한 나무 숲에 싸여 있다.

 이 절의 역사는 신라 흥덕왕 7년(708)때 일월사를 지은 것으로 거슬러 올라간다. 이곳은 앞에서 이야기했듯, 우리 국문학사에 매우 귀중한 자료인「월인석보」2권이 발견된 곳이다. 책은 지금으로부터 약 50년 전 사천왕상을 수리하다가 복부에 감춰져 있던 것이 발견된 것이다. 지금은 춘천에 있는 향토박물관에서 보관중이다. 조선 세조는 이 절을 수타사(水墮寺)로 이름을 지었다. 임진왜란 때 불에 타기도 했지만 인조 때 공잠스님이 재건하고 학준대사가 당우를 늘려 확장했다. 그 후 계철, 도전, 승해, 정명, 정지, 대상, 천읍, 법륜, 여잠 그리고 천해 등 많은 스님들이 불사를 계속하여 절다운 모양새를 만들었다. 숙종 때는 범종을 주조하고 사천왕상을 조성했고, 이후 순조, 철종 그리고 고종조에도 중수를 거듭하였다. 공작산은 수타사와 더불어 유구한 역사를 품어왔다고 하겠다.

 당우를 둘러보니 대웅전을 비롯하여 흥회루(興懷樓)와 봉황문(鳳凰紋, 천왕문)이 가지런히 자리 잡고, 왼쪽으로 심우산방(尋牛山房)과 오른쪽으로 요사채가 배치되어 있다. 스님이 살고 있는 독립가옥 앞에는 가지가 셋으로 갈라진, 400년이나 되었다는 주목이 하늘을 가르고 있어 외경스럽기 그지없다. 그것은 도도하게 우리를 내려다보고 있었다.

■ 정상에서

 정상은 작은 묘지터 모양으로 잘 정돈되어 있고 표지석도 두 개씩이나 놓여있다. 그런데 막상 발을 디디고 보니 우리가 어떻게 이곳으로 왔는지 그 입구가 보이지 않는다. 깊은 산골처럼 사방이 막혀서 분간할 수 없다. 더구나 동쪽으로 광대하고 험준한 산맥이 첩첩이 겹쳐 있어 우리는 헤어날 길 없는 감옥에 있는 듯했다.

　서쪽으로 뻗어 있는 803봉을 비롯하여 750봉, 558봉은 그 고도를 점차 떨어뜨리면서 수타사로 뻗어 내리고 있다. 514봉은 홍천강 일대를 거쳐 363봉과 이어져 있다. 북서쪽을 바라보니 커다란 계곡이 물고기의 비늘처럼 여울지는 굴운저수지와 닿았고, 그것은 다시 홍천강으로 빨려들고 있다. 북쪽으로 흘러내린 골짜기는 솔치고개 너머로 흘러 외삼포에서 홍천강과 합류한다. 홍천강은 서쪽으로 흘러 양평을 지나 한강으로 흘러가는 것이다. 물줄기는 우리가 서 있는 이 산봉우리로부터 서쪽까지 지형 따라 꽤 자연스럽게 낮아졌다.

정상은 잘 다듬어져 표지석도 두 개씩이나 놓여있다

　홍천을 거쳐 꼬불꼬불 산마루를 뚫고 넘은 고갯길은 마땅히 필요한 길처럼 당당하게 하얗게 뻗어갔다. 그 길은 인제에서 홍천으로 이어져 양평으로 빠져든다. 춘천에서 오는 길은 홍천을 거쳐 남쪽의 횡성과 원주로 뻗었는데, 그 끝은 실오라기처럼 가늘어 결국 없어져 버린다. 나무줄기에서 가지가 뻗어나간 것처럼 국도에서 지방도로가 갈라져 있다. 사람들은 바로 저런 길들을 통해 삶을 나누는 것이다. 또 언제까지나 숨 쉬며 살아갈 것이다. 정상을 거쳐간 태양이 반나절을 지나 숲 속으로 잦아든다.

■ 하산길

정상에서 노천리 쪽으로 내려오기로 했다. 숲을 지나고 잡풀이 우거진 숙정밭을 헤쳐 시냇물이 흐르는 계곡길에 접어들었다. 사람 한 명 없는 적막한 하산길이다. 적요함을 달랠 셈으로 옷을 벗고 물속으로 뛰어든다. 첨벙거리며 손으로 물 묻은 볼기짝을 때리며 천진난만한 어린아이가 되었다. 온몸에 시원한 찬기가 스며든다. 몇 시간 동안 피로에 지쳤던 몸뚱이에 활기가 다시 열린다. 푸른 창공으로 새 한 마리가 날아가고 있다. 그곳에서 빠끔히 쳐다보이는 공작산의 정상은 그렇게 아름다울 수가 없다. 홍천 쪽에서 바라보던 아늑한 느낌하고는 또 다른 정서가 있다. 그것은 정상에서 느꼈던 위압감이나 중량감 같은 것이 아니다.

시냇물은 여전히 푸른빛을 발하며 반석을 씻겨가며 흐른다. 송림이 내뿜는 강한 향기가 바람에 흩어지고 있다. 저 언덕에는 으름 덩굴과 머루 덩굴, 산딸기나무가 서로 얽혀 있다. 일행은 계곡물처럼 지칠 줄 모르고 지껄이고 있다. 산처럼 깊고, 맑고, 싱싱하고, 그러면서 순박하고 정직한 시간이 멈추어 있다. 어느새 태양은 황금빛으로 변하고 다시 보랏빛 옷을 입는다. 어둠이 조금씩 숲 속으로부터 다가온다.

계방산(桂坊山)

1,577.4m

위치 : 강원도 평창군 용평면
　　　홍천군 내면

■ 산중의 산

　계방산은 차령산맥 초입에 있는 해발 천 미터가 넘는 높은 산들 중에서도 으뜸이라 할 만하다. 근처의 천 미터가 넘는 산은 이름 있는 것만 따져 보아도 16개나 된다. 오대산(1,563.4m), 노인봉(1,338.1m), 선자령(1,157.1m), 가리왕산(1,560.6m), 중왕산(1,376.1m), 백덕산(1,350.1m), 태기산(1,261m), 계방산(1,577.4m), 황병산(1,407.1m), 발왕산(1,458.1m), 회령봉주봉(1,309.4m), 흥정산(1,276.5m), 남병산(1,149m), 백석산(1,364.6m), 잠두산(1,243.2m), 그리고 금당산(1,173m) 등이다. 이들은 평균고도만 1,350m로, 한반도에 이 정도의 높이를 가진 산이 몰려있는 지역은 많지 않다.

　계방산은 우리나라에서 한라산(1,905m), 지리산(1,915m), 설악산(1,708m), 덕유산(1,614m)에 이어 다섯 번째로 높다. 서쪽으로 평창군과 홍천군의 군계 위 회령봉 사이에 있는 운두령(雲頭嶺)은 우리나라에서 제일 높은 고개다. 표고 1,089m으로 봉우리와 재가 많기로 유명하다. 오죽 높으면 구름 위에 있다는 운두령이라는 이름을 가졌겠는가. 계방산은 육산으로 사방으로 순탄하게 뻗어있어 크고 꽤 광활하다. 산자락의 방아다리 약수는 위장병과 피부병에 특효가 있다는 소문이 자자하다. 행정구역상으로는 강원도 홍천군 내면과 평창군 용평면의 접경지대에 있는데, 맞은편에는 오대산이 있다.

계방산은 수목도 울창하여 주목나무를 비롯한 자작나무, 굴참나무, 박달나무 등 갖가지 수종(樹種)들이 향기를 발한다. 이 때문에 계방산이라고 이름을 지었다는 내력이 있다.

계방산 주목나무

■ 뽐내는 이웃 때문에

이렇게 큰 산이 어떻게 알려지지 않아 찾는 이들이 적을까 하는 생각이 든다. 아예 계방산이라는 산이 있는지, 그 이름조차 모르는 사람들이 많지 않은가. 너무 유명한 산 옆에 붙어 있어서 그런 것일까. 우리나라의 불교 성지로 이름을 뽐내는 오대산이 이웃이다 보니 계방산은 제 스스로 얼굴을 가리고 있어야 하는 것이다.

다른 이유를 찾아보자면 산 모양이 밋밋해서일 것이다. 기교 있는 암봉이 많은 것도 아니고, 아기자기한 폭포가 있는 것도 아니다. 다만 턱없이 높기만 하고 무뚝뚝하기 그지없다. 그러면서도 너그럽고 후덕한 면을 갖추고 있다. 계방산은 오대산의 인기가 탐나거나 질투하게 되지도 않나 보다. 의젓하게 자신을 방문한 우리들을 맞이하고 있다. 오히려 산을 인기도에 따라 우열을 가리는 인간들이 우습다는 듯 장엄하게 솟아 있다.

■ 교통과 숙박

이 산은 외진 곳에 떨어져 있다고 할 만하지만 찾아가기에 교통은 그리 나쁘지 않다. 서울 동부터미널에서 진부행 버스는 30분 간격으로 아침 6시부터 오후 6시까지 운행되고 있어서 3시간이면 갈 수 있다. 진부에서 운두령까지는 아침 8시부터 오후 6시까지 하루 6회 버스가 운행된다. 시간은 30분 걸린다. 진부에서 노동리까지는 시내버스가 1시간 간격으로 다니므로 돌아오는 길에 이용할 수 있다. 진부-방아다리 약수간도 1일 6회 차가 있어 그리 불편하지 않다.

숙박 시설은 진부읍내에 여관이 여러 개 있는데, 요금은 제법 저렴한 편이다.

■ 등산길

계방산 등정은 보통 운두령에서부터 시작한다. 운두령은 구름 위에 있는 영마루라는 뜻으로, 이 지방 사람들은 우두머리 고개라고 하기도 한다. 우리는 윗삼거리에서 식수를 미리 준비했다.

운두령에서 북쪽으로 능선길이 비스듬하게 굴곡져 보이는데, 거기서부터 정상까지는 5km 정도다. 표고차는 약 448m이다. 길은 평범하다. 주변에는 참나무와 단풍나무가 군락을 이루고 있다. 운두령에서 보이던 1,166봉을 20분에 올라섰다. 다음 목표는 정상에서 왼쪽에 있는 1,492봉이다. 등산길은 잘 발달되어 있고 봉우리가 빤히 바라보이는데도 이상하게 만만치가 않다. 그렇게 1시간 넘게 올라 1,492봉에 발을 디뎠다.

계방산 등정길

■ 정상에서

정상은 넓은 터다. 동쪽으로 황병산과 노인봉이 웅장하게 보였다. 서쪽에는 회령봉이, 남쪽에는 백덕산이 시야에 들어왔다.
북으로는 오대산과 그 연봉들이 병풍처럼 둘러쳐졌고, 그 너머에는 설악산의 일부가 바라보였다.
계방산은 양쪽에 1,495봉과 1,492봉을 어깨에 올려놓고 뒤쪽으로 소계방산을 거느린 장군이다. 남쪽으로 평창군 일대가 눈 위에 엎어져 있다.

계방산 정상(1,577m)에서 바라본 풍경

　거대한 계방산에 우리는 압도당했다. 맥이 빠진다. 너무나 보잘것없는 인간의 왜소함에 마음은 한없이 쪼그라든다. 그러나 우리는 이 작은 몸뚱이로 정상에 올랐다. 정복한 것이다. 이렇게 생각하자 내면으로부터 걷잡을 수 없는 환희와 법열(法悅)이 솟구친다.
　은은히 괴어오르던 감성이 환호작약(歡呼雀躍)하게 부풀어 오른다. 천하를 다 준다 해도 바꿀 수 없는 기쁨이 폭발했다. 오직 이 순간만을 위해 살아온 것처럼 가슴은 짜릿한 감동과 자부심으로 물결쳤다. 지구 끝까지 뻗어있을 저 산줄기! 소리치면 금방 메아리를 보내는 회령봉에서 비로봉을 거쳐 두로봉까지 이어지는 연봉. 누가 감히 한반도를 일엽편주라 했는가. 이곳에 한 번이라도 와 봤다면 그 같은 생각을 하지 않았을 것이다.

■ 하산길

  차를 운두령에 세워놓고 올라왔으므로 그곳으로 되돌아 내려가기로 했다. 사실 하산길은 여러 군데 있다. 정상에서 남쪽 능선을 따라 윗삼거리로 내려가는 길도 있고, 동쪽 주능선을 타고 가다가 남쪽 계곡으로 가는 길, 또 방아다리 약수로 가는 길도 있다. 좀 무리를 한다면 북쪽으로 내쳐 뻗어가면서 한반도의 최고 청정산수를 만끽하는 것도 보람 있다.

  정상에서 동쪽 능선을 따라가다가 첫 고개에서 남쪽계곡으로 내려오는 길 도중에는 심마니들의 움막이 있다. 그곳에서 다시 폭포를 지나니 옛날 나무꾼들이 다니던 길인 듯한 으슥한 길이 나왔다. 그러나 등산가는 방향을 잡으면 길을 뚫고 나갈 줄 알아야 한다. 산에는 그만큼 깊은 숲길이 많기 때문이다. 약초꾼이나 심마니들이 지나간 흔적을 보았더라도 함부로 따라 들어서서는 큰일 난다. 아무리 길눈이 밝고 담이 큰 사람도 발을 잘못 들여놓았다가는 며칠이고 산 속을 헤매야 간신히 빠져나오는 것이 산 속 사정이다. 그만큼 사람의 손길이 닿기 어려운 곳이라 그런지 산 속에는 머루, 다래, 아가배 등과 약초가 널려 있다. 혹 산짐승들도 볼 수 있을 것 같다.

이승복 생가

계방산

세상을 떠나 푸르른 골짜기의 맑고 차가운 시냇물에 발을 담그고 살면 나도 신선이 될 수 있을 것 같다. 마음은 자연스럽게 비워지고 욕심과 부패와 탐욕 없던 태고의 시기로 되돌아 갈 것만 같다.
　이런 생각 속에 어느새 발은 평지에 내려와 있다. 이승복 생가 터에서 윗삼거리까지는 큰길이다. 이승복 생가 터 주변에는 청소년 야영장도 있다. 그걸 보니 씩씩하게 자라나는 청소년의 씩씩한 젊음이 생각난다. 그들이 펼칠 밝은 미래가 노동리 노동교 옆에 있는 이승복 기념관의 사진과 유물에 겹쳐져 연상되었다.

노인봉(老人峰) · 황병산(黃柄山)
1,338.1m   1,407.1m

위치 : 강원도 강릉시 연곡면
       평창군 도암면

■ 청학동(靑鶴洞)

　동해안의 강릉시에서 북쪽으로 조그마한 어촌도시 주문진이 있다. 이곳에서 서남쪽으로 강릉시 연곡면이라는 면소재지가 있다. 이곳에서 다시 서쪽으로 연곡천가의 새로 포장된 도로를 따라가다가 왼쪽으로 좌회전하면 다리가 나온다. 그것을 건너고 고개를 넘으면 계곡물이 동쪽에서 흘러 연곡천과 합류하여 흐르고 있다. 이것이 청학천(靑鶴川)으로 오대산 동쪽에 있는 노인봉(1,338.1m)과 황병산(1,407.1m)에서 발원하여 흘러내리는 계류이다. 시원하게 쏟아지는 물은 폭포와 청담(淸潭)을 만들면서 기암과 절벽으로 이루어진 협곡(峽谷)을 경쾌하게 흐른다. 이 절경에 감명 받은 사람들은 여기서부터 위쪽으로 10리까지를 청학동의 소금강(小金剛)이라 하고, 아래쪽 10리를 외금강(外金江)이라고 부르고 있다.
　백덕산의 산세와 함께 보니 청학천이 흐르는 골짜기는 동북쪽을 향한 U자 형상이다. 그런데 어구가 항아리의 주둥이처럼 좁아 입구에서는 안쪽을 볼 수가 없다. 자세히 보면 청학동 골짜기의 주봉은 황병산이다. 이를 가운데로 해서 학소대, 작은 황병산이 목줄기가 되고 동으로 매봉(1,173m), 서쪽으로 노인봉은 양 어깨이다. 가운데 양쪽 허

벅지를 벌린 안쪽이 청학동이 된다.

청학(淸鶴)은 새의 이름 같지만 조류(鳥類)와는 아무 상관이 없다. 청학이란 푸르른 고결함을 지닌 신선을 닮은 상상 속의 새일 뿐이다. 우리 조상들은 이 새는 인간의 때가 묻지 않은 고결하고 청정한 고장에서 산다고 믿었다. 그러므로 청학동이란 이름은 인간의 이상향을 가리킨다. 이곳은 퇴폐 따위 같은 것과는 상관이 없고 오직 희망에 가득 찬 아름다운 삶이 있다. 폭동도 전쟁도 그리고 천재지변 같은 재앙도 발붙이지 못한다. 우리나라에는 이런 소망을 담은 청학동이 많다. 그만큼 외환을 잊고 싶었다는 얘기일까. 의정부 동쪽 수락산 너머 별내면과 지리산 남쪽 기슭의 경남 하동군 청암면 묵계리에도 청학동이 있다.

청학동은 들어가는 입구가 좁다. 그러나 일단 들어서기만 하면 그 안은 완전한 파라다이스다. 속세의 모든 시름을 잊을 수 있다. 절대 떠나고 싶지 않은 곳이다. 그런데 요즘 이 청학동의 입구에는 상업시설들이 들어섰다. 주차장을 비롯해서 식당과 상점, 여관과 오락장 등이 줄줄이 생기고 있다. 화려한 상점들을 보며 이제는 평화로운 이상향에 대한 인간의 소망을 담은 청학동은 찾아보기 힘들게 될지도 모른다는 생각이 들었다. 상가 지역을 지나 400m쯤 들어가면 폭포와 암반이 서로 어우러진 무릉계(武陵溪)가 나타난다. 여기서 다시 등산로를 따라 오르면 청학산장이 있고, 왼쪽으로 십자소(十字沼), 연화담(蓮花潭)을 지나면 조그마한 절을 볼 수 있다.

■ 금강사(金剛寺)

금강사는 입구로부터 2km쯤 된다. 법당과 요사채 그리고 종각뿐으로, 그 규모는 작다. 얼핏 보고 '이 절은 창건연대가 얼마 안 되었겠구나.' 하는 생각이 들었다. 그러나 안내판에는 바로 이곳에 관음사(觀音

寺)라는 절로 신라시대부터 있었다고 한다. 주위의 경관은 아주 좋다. 앞쪽으로 암벽이 있고 그 밑으로 맑은 물이 고여 있다. 그 위의 다리는 마치 속세와 청학동을 연결한 것 같다. 그 밑쪽으로 하늘 백성 수백 명이 놀고먹고 즐겼을 법한 식당바위가 있다.

■ 청학동 소금강(少金剛)

금강사에서 나와 삼선암을 지나니 청심대(淸心台)라는 전망이 좋은 곳이 눈앞에 나타났다. 위쪽으로 귀인골과 만폭동이라는 협곡이 있는데 여기저기 폭포와 담이 서늘한 기운을 내뿜는다. 그 때문에 으스스한 한기를 느끼게 된다. 이곳에서 4km 정도 이어진 구룡폭계곡은 청학동 소금강의 정수라 불린다. 오대산국립공원의 동쪽에 위치하여 금강산 경승을 방불케 한다 하여 소금강이라 부르고 있는 곳이다.

소금강은 여러 모양의 폭포와 담이 있고

강릉시 연곡면에 위치해서 연곡 소금강이라 하고, 청학동 소금강이라고 하기도 한다. 기암괴석과 풍요로운 청수는 금강산의 이름을 딴 것이 전혀 과장된 것이 아님을 말해준다. 무릉계, 천하대, 십자소, 연하담, 식당암, 삼선암, 대왕폭, 청심폭, 구룡폭, 상팔암, 구곡담, 선녀탕, 백마폭, 만물상, 백운대, 삼폭, 광폭, 오작담, 이련폭, 천폭, 사문 닫이계곡, 학소대 그리고 노인봉 밑의 낙영폭포 등의 절경이 심신을 녹이고 있다.

청학동 소금강에 있는 구룡폭은 2단으로 되어 있다

■ 이율곡의 증언

- 이율곡(李栗谷), 청학동에 오다

대제학 이율곡(1536~1584)이 청학동에 왔다. 대제학이란 정2품 벼슬로, 원 명칭은 대학사(大學士)였던 것을 태종 때 고친 것이다. 율곡의 이름은 이이(李珥)로, 율곡은 호다. 어머니는 시와 그림으로 유명한 사임당 신씨(師任堂 申氏)이다. 율곡은 13세에 진사초시(進士初試)에 합격하여 대사간(大司諫), 대사헌(大司憲), 이조판서, 우찬성(右贊成), 병조판서 등의 벼슬을 두루 거쳤다. 그는 임금의 도리와 시무(時務)를 논했고, 유학자의 이상인 요순(堯舜) 시대를 실현하고자 했다. 저서로는 「동호문답(東湖問答)」, 「성학집요(聖學輯要)」, 「인심도심설(人心道心設)」, 「시무육조소(時務六條疏)」 등이 있다. 그는 일반 민중을 계몽하기 위해 규례에 관한 책도 저술했는데 「서원향약(西原鄕約)」, 「해주향약(海州鄕約)」, 「사창계약속(社倉契約束)」, 「동거계사(同居戒辭)」, 「학교모범(學校模範)」, 「해주은병정사학규(海州隱屛精舍學規)」 등이다. 그는 부패시정책을 제시했고 임진왜란을 예언하고 십만양병설을 주장하기도 했다. 이렇게 이름과 예견력이 탁월한 대학자가 이곳 청학동에 온 것이다.

지금이야 청학동 소금강 하면 모를 사람이 없을 만큼 널리 알려져 있지만 이율곡이 왔을 때만 해도 그리 알려지지 않은 골짜기였을 것이다. 그러나 그는 그때 이미 이곳을 천하의 비경이라고 칭했다. 이율곡은 오늘날 우리처럼 등산을 온 것은 아니었다. 청류(淸流)의 발원지를 찾으러 온 것도 아니다. 그는 청학과 함께 노니는 신선을 만나러 온 것이다. 아니, 그 자신이 신선이 되려고 왔을 것이다.

피곤한 정무에서 벗어나 쉬기 위해서 고향을 찾은 율곡은 동해로 흘러드는 연곡천의 무진정(無盡亭)에서 뱃놀이를 하며 하루하루를 즐겼다. 어느 날 그는 친지 장여필, 권표장과 그 아우와 함께 말을 타고 달렸다. 그들은 백운천(白雲遷)을 지나 토곡(兎谷)어구 모래사장에서 점심을 먹고, 또 다른 친지 박대유와 합세하여 산지기를 앞세우고 청학동 산행길에 접어들었다. 이율곡은 이곳에서 시냇물을 바라보고 황홀한 도취감에 빠진다.

"푸르른 물은 낙엽도 발붙일 틈을 주지 않고 굽이굽이 돌아 흐른다. 바위의 모양도 천만 가지로 변하고, 산그늘 밑 나무 그림자는 아지랑이와 섞여 아스라이 햇볕을 가렸다. 나는 흰 바윗돌 위를 거닐며 때때로 일어나는 잔잔한 물결을 즐겼다."라는 기록이 있다.

- 이율곡의 하산

이율곡은 금강사 폭포 아래에 있는 늪을 창운담(漲雲潭)이라고 이름 지었다. 이것이 지금의 연화담으로 구름이 가득 찬 못이라는 뜻이다. 절벽 아래의 못은 경담(鏡潭)이라고 지었다. 그리고 그는 지금의 청학동 골짜기를 모두 합하여 청학산(靑鶴山)이라고 불렀다. 일행과 한참을 유유자적 노닐던 율곡은 비가 올 듯하여 하산하기 시작하였다.

"열 발자국을 걸으면서 아홉 번을 돌아보고 차마 떨어지지 않는 발길을 돌린다."

"같은 동해안의 오대산이나 두타산에 비하면 이곳이 한 수 위다. 그러나 그것들보다 알려지지 않은 것은 산봉우리 사이에 숨어 있어 아무도 엿보지 못함 때문이로다. 사람들이 알고 말하는 것이 이 산에 손익이 될까마는 부당한 이치로다. 사람도 세상에 때를 만나고 못 만남에 따라 그 운명이 달라진다." 대개 이러한 내용이다. 또 그는,

"사람이나 산천이나 시대를 잘 만나면 빛이 나고, 그렇지 않으면 빛이 바랜다."고 생각했다. 지금의 청학동은 이미 그때의 청학동이 아니다. 골짜기마다 쓰레기로 뒤덮여 있다. 이를 이율곡이 다시 살아서 본다면 무엇이라 할 것인가.

"청학동도 시대를 잘못 만나 훨훨 날아가 버렸구나!" 하고 탄식하지 않을까?

■ 여로

강릉에는 청학동행 시내버스가 매 시간마다 있다. 영동선의 강릉역까지는 새마을 열차를 비롯하여 무궁화호 등 많은 열차가 운행되니 이것을 타면 된다.

춘천, 원주, 포항, 양양 등지에도 강릉행 직행버스가 운행되고 있다. 주문진에서 청학동까지의 시내버스는 2시간 간격이다. 반대 방향

인 진부에서 가려면 오대산 입구인 병안 삼거리까지는 시내버스가 수시로 있고, 거리개자니까지는 1일 3회 있다. 그 중 한 대는 진고개 산장까지 들어간다. 서울에서 진부행 버스는 동부 터미널에서 30~40분 간격으로 운행되며 3시간 30분 정도면 도착한다. 청학동 입구와 주차장 그리고 무릉계 주변에는 민박, 여관, 산장 등이 즐비하다.

■ 등산로

- 노인봉길

진부에서 내려 이름조차 생소한 농촌마을을 걸어 거리개자니에 도착했다. 이곳엔 민박할 수 있는 농가가 10여 호 된다. 단체로 50여 명은 무난히 숙박할 수 있을 것 같다. 내가 진부쪽으로 가본 지 5~6년이 지나서 지금쯤은 어느 정도 변했을지 모른다는 생각이 든다. 그러나 거리개자니에서 계곡을 건너 노인봉으로 오르는 산길은 이 마을의 위쪽에 있는 외딴집 앞을 지나게 되어 있는데, 이 길은 항상 변함이 없다.

식당골 입구에서 좌측으로 올라 한참을 가니 속세골 갈림길이 나타났다. 이곳에서 좌측으로 가야 한다. 한참을 가니 또 갈림길이 나타난다. 이곳에서 오른쪽으로 접어들어 수림 속 오솔길을 따라 올라야 노인봉 정상에 오른다.

- 황병산길

황병산에 오른다고 해도 등산기점은 역시 노인봉과 같다. 다만 속세골 갈림길에서 왼쪽으로 가면 약초재배 농막을 지나 노인봉으로 가게 되는 것이니, 황병산이 목표이면 오른쪽으로 들어와야 한다.

안개자니 쪽의 계곡을 따라 끝까지 올라가면 황병산의 주능선에 닿는다. 안개자니로 들어가는 계곡에는 큼직한 반석이 깔렸고, 고사목이 늘어서 있으며 폭포 및 담(潭)과 소(沼)가 어우러져 있다. 주능선에는 초지가 깔렸다.

■ 정상에 서면

노인봉(老人峰)은 말 그대로 나이 많은 노인을 가리키는 것은 아닌 것 같다. 이율곡이 촉운봉(矗雲峰)으로 이름 지었듯이 사바세계에서 도를 높게 닦아 존중할 만한 어른이라는 뜻일 것이다. 그렇다면 노인봉은 산 중에서 가장 도가 높은 우두머리란 것일까. 노인봉의 정상은 이율곡이 천유동(天遊洞)이라고 한 청학동(靑鶴洞)의 발원지이다. 청초하고 신령한 신선이 살 만하다. 정상에서 내려다보는 청학동, 그것은 하나의 고결함이다.

남쪽으로 뻗은 오대천의 상류 병내리(屛內里)로 흐르는 계곡은 아늑하고 순박하다. 먼 태고의 고적함으로 산사람을 매혹시킨다. 그 옆으로는 꼬불꼬불 진고개 위로 뻗은 길이 이어져 있고, 주변에는 고랭지 농산물이 경작되고 있다. 정상은 암봉으로 이루어졌다. 이곳에서는 멀리 매봉과 황병산, 동대산이 한눈에 보인다. 산줄기가 학처럼 훨훨 날고 있다.

■ 하산길

- 노인봉에서

노인봉의 정상에서 남동쪽으로 뻗은 능선을 타고 조금 내려오면 갈림길이 있고, 그곳에서 샘을 지나 낙영폭포 쪽으로 내려가면 청학동으로 가는 길이 나타난다. 또 한 길은 갈림길에서 학소대쪽으로 내려와 사문닫이계곡을 타고 청학동계곡으로 들어서는 길이다. 청학동계곡 주변에는 표지판이 세워져, 명소의 위치와 그 명칭을 쉽게 알 수 있다.

  등산로의 곳곳은 사다리와 철책로프 등 안전시설이 갖춰져 있어 위험하지 않다. 올라왔으니 내려가야 한다는 아쉬움만 가슴 속에 묻어 오고 있다.

- 황병산에서

  황병산 정상에서 하산하려면 남쪽으로 내려가다가 서쪽 식당골로 하산하는 방법이 쉬울 것 같았는데 살펴보니 등산로가 없다. 계곡길이므로 고생스러울 듯 하고, 때마침 하늘이 흐려 만약 소나기라도 만난다면 위험할 것 같다. 그래서 그냥 남쪽의 능선을 따라 내려왔다. 1,197봉이 나타나고 그곳에서 오른쪽 식당골쪽으로 가는데 1,115봉 못 미쳐 식당골로 가는 길과 병내리 거리개자니로 가는 갈림길이 나왔다. 양쪽이 다 넉넉한 넓이의 등산로가 매끈하게 다듬어져 있다.

  태양은 구름 속에 숨어 서서히 서쪽으로 이동한다. 어둠이 점차 하늘 전체를 덮는다. 걸음을 재촉한다. '빨리 빨리'를 부르짖으며 살아야 하는 속세로 발걸음을 옮겨야 하는 것이다.

덕고산(德高山) · 봉복산(鳳腹山)
1,125m   1,021.5m

위치 : 강원도 횡성군 청일면
       홍천군 서석면

■ 산 이름은 있는데

 덕고산에 가려고 지도를 놓고 찾아보았는데 보이지 않는다. 행정상 위치인 횡성군 청일면과 홍천군 서석면 일대를 뒤져보아도 표기되어 있지 않다. 결국 덕고산의 확실한 위치를 알 수 없게 되었다. 다만 횡성군 청일면 신대리 부근에 봉복사(鳳腹寺)가 있는데, 그 현판에 "덕고산 봉복사"라고 적어놓았다는 것이 평화출판사가 발행한 김형수(金亨壽) 씨가 쓴 〈222 산행기(山行記)〉에 있다. 그리하여 간신히 산 이름이 덕고산이라는 것을 알 수 있었다.

 운문산 산줄기는 남하하면서 두 줄기로 갈라져 한쪽은 봉복산(1,021.5m)이 되고 또 한쪽은 덕고산이 되었다. 아무튼 이 근처의 산들은 하나하나 구분되어 이름이 붙어있지 않다. 해발 1,000m가 넘는 산들이 수없이 중첩되어 있으니, 그럴 만도 하다. 그래서 책의 저자마다 산 이름이 다르다. 신경준의 「산경표(山經表)」에는 이 산을 태치산(泰峙山)이라고 하고 일명 덕고산이라고 했고, 봉복사(鳳腹寺)는 봉복사(奉福寺)라고 한자를 다르게 기록했다. 이렇듯 이름이 정확하지 않고 기록도 정해진 것이 없으므로, 산의 위치를 자세히 이야기해보도록 하겠다.

백두대간은 동해안의 주맥을 이루면서 오대산, 노인봉, 황병산, 대관령 등 남쪽으로 뻗었다. 오대산은 서쪽으로 계방산을 솟구치며 태안반도까지 대각선으로 뻗어 차령산맥이 되었다. 차령산맥의 초입인 강원도 북동쪽에 회령봉과 흥정산이 있는데, 이 고장은 옛날 예맥(濊貊) 땅이었다고 한다. 당시 왕은 태기왕(泰岐王)이었다. 태기산이라는 명칭은 그 왕의 이름을 딴 것이라 한다. 다시 그곳에서 운문산과 봉복산이 만들어졌다. 덕고산은 봉복산 바로 옆 봉우리이다. 행정상으로 원주와 강릉간 영동고속도로 중간 북쪽 평창군의 봉평면과 횡성군의 둔내, 청일면 그리고 홍천군 서석면의 경계가 되는 태기산(1,261m) 서쪽에 위치한다.

덕고산과 태기산의 갈림길

　덕고(德高)라는 이름은 불가(佛家)에서 나온 이름이라고 추정되고 있다. 이 산을 지점으로 해서 주변 산세를 말해보자. 덕고산 북동으로는 흥정산, 회령봉, 보래봉, 그리고 운두령을 넘어 계방산, 오대산이 이어져 있다. 그리고 서쪽으로 연결된 봉복산과 운문산 그리고 먼드래 내를 넘으면 수리봉과 공작산까지 닿아있다.

동남쪽에는 앞에서 이야기한 태기산이 있고, 그 줄기는 영동 제 1 터널을 넘어 천태산으로 이어진다.

■ 여정

등산기점인 신대리(新岱里)와 원주 사이의 거리는 40km로, 버스로 약 2시간 걸리는 거리이다. 봉복사까지 운행하는 버스는 하루에 5회 운행된다. 그러나 갑천과 서석행 버스가 하루 10여 차례 운행되는 갑천으로 가는 것이 더 쉽다.

만약 갑천으로 온다면 면소재지에서 하룻밤을 묵고 차로 봉복사를 돌아본 후 봉복사 등산길을 택하는 것이 좋다.

횡성에는 청일면까지 수시 운행하는 버스가 있어서, 이를 타고 청일면에 내려 신대리까지 버스와 택시를 이용할 수 있다. 청일면에서 신대리 버스종점까지는 8km이다. 서울 상봉터미널과 강릉에는 횡성행 버스가 1시간 10분 간격으로 있다.

서울에서 출발하면 약 2시간이 소요된다. 원주에서 횡성을 거쳐 홍천까지의 도로는 신선한 기분이 들 정도로 깔끔하다. 특히 물줄기를 따라가기 때문에 상쾌한 여행이 될 수 있다.

갑천면 소재지에서 약 3km쯤 가니 신대리 버스 종점이 보인다. 그곳의 자그마한 식당과 상점, 그리고 민박집이 가끔 눈에 띄었다.

■ 등산길

대강 배낭을 정리하고 봉덕사를 향하여 걷노라니 오른쪽으로 보이는 송덕사(松德寺) 근처의 경치가 좋다. 계곡에 눈이 쌓여 백발노인의 인자함처럼 한 폭의 그림을 엮어내고 있다. 물론 관념적인 그림과 실물로 보는 경치는 각각 다른 감정을 주지만 말이다.

나는 원초적인 해방감을 느꼈다. 등산의 초입부터 자기해방에 몸부림치며 자연의 순수를 통해 무한한 기쁨을 맛본다. 대자연의 무궁한 신비로 인해 우리 자신은 어느새 자연의 한 자체로 변하고 있다.

눈 쌓인 산죽길

봉복사는 300m 거리의 구릉지에 있다. 왼쪽 전방에 옛 절터인 듯한 자리와 석탑이 쓸쓸히 있다. 이 절은 신라 선덕여왕 14년(647)에 자장율사(慈藏律師)가 창시하였다고 쓰여 있다. 문무왕 9년(669)에는 화재가 나서, 671년 원효대사가 중건했다고 한다. 그런데 이때 흥미로운 얘기가 있다.

원효대사는 절을 중건하려고 재목들을 쌓아놓았다. 그런데 공사를 시작하기 하루 전, 공사 도구와 재료들은 하룻밤 새 다른 곳으로 옮겨졌다. 원효대사가 정한 자리가 절터로 좋지 않으므로 부처님이 옮긴 것이다. 그리하여 대사는 목재가 옮겨진 곳에 대웅전과 요사 그리고 종각들을 준공했다고 한다.

조선에 들어와서 순종 1년(1901), 왜병들의 방화로 절은 불에 전소된다. 그것을 취문대사(翠雲大師)가 다시 지었는데, 한국전쟁 때 또 다시 화를 입었다. 그 후 가까스로 다시 재건되었지만, 재정이 부족하여 현 당우는 초라하기 그지없다.

다행히 삼층석탑과 6, 7기의 부도가 있어, 그 옛날 100여 명의 상주하는 중들이 기도하며 9암자를 드나들었던 것을 실감케 할 뿐이다.

봉복사에서 식수를 준비하고 급경사길을 오르니 800봉, 987.7봉 그리고 1000봉이 틀어 올린 여인의 쪽머리 같다. 길은 어느새 험한 절벽으로 변했다. 각도는 60°를 넘어 기어오르기도 힘들다. 그러나 장대한 풍경이 용기를 북돋아 주었다. 이상하게도 고통과 고난에 직면할수록 육체 안의 모든 힘과 기능에 활기가 솟구친다.

"야—호! 야—호!" 우렁찬 함성은 산울림이 되어 영원 속에서 흡수한다. 영원한 자연의 수명으로 빨려 들어가고 있는 것이다.

■ 정상에서

정상은 넓지는 아니하였으나 화목 사이로 사방이 전망되고 있었다. 북동으로 아득히 계방산과 오대산이 넘실거리고, 그 앞으로 흥정산과 회령봉 주봉이 줄대어 있다. 동쪽으로는 태기산, 서쪽에는 봉복산, 그리고 영동고속도로 쪽에는 백덕산이 보였다. 그것들은 짧게 또는 넓게 주름 잡혀 너그럽게 펼쳐져 있다. 산맥은 대관령의 줄기를 타고 계방산으로 줄달음치기도 하고, 북동하여 오대산과 태백산맥으로 뻗어 나가기도 했다.

산들은 서로 어깨를 맞대기도 하고 허리를 붙들기도 하며 뒤엉켜 있다.

멀리 있는 산을 바라보는 것은 크나큰 즐거움을 준다. 산이란 멀리 바라볼 때 그 아름다움이 잘 드러나기 때문이다. 산의 깊은 정기는 하나의 시와 낭만으로 화해간다.

또한 산은 변화가 있다. 그래서 살아 있다. 어떤 생명체보다 민감하고 섬세하게 움직이며 풍성한 생명력을 지니고 있는 것이다. 그 늠름함은 구름 한 점 없는 파아란 하늘 아래 우리들을 감동시킨다.

두타산(頭陀山)·청옥산(靑玉山)
1,352.7m　　　　　1,403m

위치 : 강원도 동해시 삼화동
　　　 삼척시 미로면
　　　 삼척시 하장면

■ 산이 너무 좋아

　조선조 명종 때 강릉부사를 지낸 양사언(楊士彦, 1517~1584)은 명필로 이름이 높다. 그는 청주 출신으로 돈영주부(敦寧主簿) 희수(希洙)의 아들로, 호는 봉래(蓬萊) 또는 해객(海客)이다. 그는 산과 바다를 참 좋아했다.

무릉반에는 명필들의 글씨가 새겨져 있다

태산이 높다 하되 하늘 아래 뫼이로다
오르고 또 오르면 못오를 리 없건마는
사람이 제 아니 오르고 뫼만 높다 하도다

그의 시는 모두 작위(作爲)가 없고 천의무봉(天衣無縫)하며 기발하다. 그의 글씨는 해서(楷書)와 초서(草書), 두 분야에서 모두 다 이름이 높다. 그는 그 빼어난 글씨체로 두타산 무릉반석에 '무릉도원 중태천석 두타동천(武陵桃源 中台泉石 頭陀洞天)'이라고 새겨놓았다.

두타산 무릉계곡의 빼어난 경관은 옛날에도 지금처럼 유명해서 시인, 묵객들이 많이 드나들었다. 고려 고종 때 이승휴(李承休, 1224~1301)는 과거시험에 급제 했지만 벼슬을 마다하고 두타산 기슭 구동(龜洞) 외가댁에서 밭을 갈고 학문을 닦으며 지냈다.

이승휴의 죽서루

산이 너무 좋아서였다. 그러나 이심돈(李深敦)은 친구 이승휴의 학문이 아까워 벼슬할 것을 간곡히 권했다. 그래서 이승휴는 서장관(書狀官)의 직책을 받았다. 그는 원나라에까지 가서 자신의 학문을 떨친다. 충렬왕 24년(1298)에는 사림시독, 좌간우대부, 사관, 수찬관 지제고의 직위를 지냈고, 2년 후에는 밀직부사, 감찰대부, 사림승지가 되었으나 벼슬에서 물러나 다시 두타산 구동으로 은거한다.

그는 구동 산 속에서 정치와 문학을 공부하였고, 종교적인 교양도 넓혔다. 그리하여 「제왕운기(帝王韻紀)」와 「동안거사집(動安居士集)」 등을 저술하였다. 삼척에 있는 정자 죽서루는 그가 지은 것이다. 이것이 모두 두타산이 너무 좋아 이루어진 것이 아닌가 한다.

■ 두타(頭陀)라는 이름

두타(頭陀, Dhuta)라는 말은 불교어로 모든 번뇌와 의식주에 대한 탐욕을 버리고 깨끗하게 불도(佛道)를 닦는다는 뜻이다. 수행을 위하여 산야를 다니면서 밥을 빌어먹고, 때로는 노숙하는 등 갖은 쓰라림과 괴로움을 겪어내며 불도에 전념하라는 걸식(乞食) 행위를 말한다. 이 이름과 같이 두타산을 오르는 것 자체가 바로 두타행(頭陀行)이요, 걸식수행(乞食修行)이 된다. 두타산(1,352.7m)과 청옥산(1,404m)의 거대한 두 봉우리가 겹쳐서 두 배로 커졌기 때문에 한 발 한 발 오르는 그 고통이 석가모니의 고행을 상기시킨다. 이는 다시 온갖 자비의 불심으로 교화된다.

두타산은 청옥산보다 51m 낮다. 그래도 사람들은 이 산 전체를 가리킬 때 두타산을 대표로 삼아 부른다. 오래 전부터 내려오는 고장의 풍습일 뿐 아니라 모든 서적들에도 두타산이라 되어 있다. 산행이 시작되는 어귀의 찰랑거리는 물줄기 한가운데 놓여 있는 무릉반석을 지나 보이는 삼화사의 간판에도 '두타산 삼화사'라 쓰여 있다. 그러니까

청옥산은 두타산보다 높아도 늘 아래에 서서 그에 소속된 산으로 인식되는 모양이다. 요즈음에 와서 등산하는 사람들이 늘어나면서 청옥산을 찾는 발길이 많아졌다. 하여간 두타, 청옥 두 봉우리를 모두 종주해야만 이름처럼 수행길이 될 것이다.

■ 여정과 등산길

강원도 동해시 서남쪽으로 약 14km 지점에 암반계곡으로 유명한 두타산 무릉 계곡에는 100여 명이 앉을 수 있는 무릉반석이 있다. 이 계곡은 용추, 쌍폭, 칠성폭포 등 멋진 폭포가 많아 전국에도 관광지로 이름이 나있다. 그래서 이곳으로 가는 교통이 불편할 리 없다.

동해시에 도착하면 이곳으로 오는 시내버스를 수시로 볼 수 있다. 인근 도시 묵호 북평에서도 시내버스가 20분마다 다닌다. 청량리, 제천, 영주 등지에서 동해시까지 온다면 영동선 열차를 이용해도 되고, 서울 강남터미널에도 강릉행 직행버스가 있고, 강릉이나 울진 또는 포항방면에도 동해행 버스는 수시로 있다.

등산길은 잘 다듬어져 있다. 주요 등산코스는 쌍용채석장을 거쳐 쉰우만(五十井山)으로 오르는 길과 무릉계곡으로 오르는 길이 있다. 무릉계곡으로 가면 시원한 계곡물을 음미하면서 갈 수 있다.

· 무릉반석에서 오르다가 좌측 산성 입구에서 갈라져 1000봉을 거쳐 두타산으로 가는 길
· 폭포입구에서 좌측 쌍폭을 보고 박달골로 접어들어 박달폭포를 경유, 박달령으로 오르는 길
· 폭포입구에서 우측으로 문간재를 돌아 용추폭포를 보고 청옥산-두타산으로 오르는 길
· 우측길로 계속 올라 사원터 대피소를 거쳐 연칠성령을 오르면서 옥산과 두타산으로 종주하는 길

어느 길을 택하든 청옥산과 두타산을 종주하도록 계획하는 것이 좋을 성싶다. 무릉계곡길로 접어드니 암석에 부딪쳐 흩어지는 계곡물의 투명함은 차라리 이슬이 한 방울씩 모여 옥수(玉水)가 된 듯하다. 졸졸졸 흘러내리는 물소리는 정답고 어떤 보석보다 진귀하다. 힘찬 물줄기가 노도처럼 5m, 10m, 15m 수십 길 아래의 심연으로 떨어지며 굉음을 낸다. 그것은 바람을 일으켜 주위의 나뭇잎들을 흔든다. 떨림은 암석과 삭벽(削壁)에 부딪쳐 소프라노의 고음을 낸다.

무릉계곡을 다 올라와서 만폭동을 끼고 학소대를 우러르며 발 아래를 보니 아득한 저 멀리 용추폭포를 타고 그 너머 문간재부터는 또 다른 비경이 펼쳐진다. 잔골 깊숙이 박혀있는 숲속, 호젓한 고산의 적막감, 쏟아지는 물살과 홈패인 바위. 요요적적(寥寥寂寂) 으스스한 골짜기는 이기령에서 고적대로 흐른다. 망군대 연칠성령 그리고 청옥산으로 둘러싸인 해발 800m를 헤아리는 깊은 산, 이것은 마치 이승과 저승 사이의 경계인양 무시무시하다.

용추폭포_유한전의 글씨

문간재는 이름과 같이 커다란 대궐에 들어서는 중문 같다. 피마늘골, 물방아골, 바른골 그리고 박달골, 하나씩 지나 안채로 들어갈 때마다 저승사자가 방망이를 들고 내려칠 듯 암울한 적막이 서려 있다. 어쩌다 숲을 뚫고 푸른 하늘을 찾노라면 창활한 공간이 보인다. 멀리 보이는 고적대(鼓笛隊)는 두고 온 아내의 새침한 모습처럼 정감이 있다. 태백산맥의 분수령을 이루는 정선 임계로 내리뻗는 백복령(百福嶺)의 능선은 더욱 선명한 선율을 자아낸다. 동해의 투명한 공기 속에 거침없이 자라는 자연의 신비다. 연칠성령을 넘어 청옥산에 오르는 것은 작은 몸뚱이가 구름을 타고 둥실둥실 떠가는 느낌이다.

■ 삼화사(三和寺)

삼화사(三和寺)는 무릉반석을 지나 우측으로 새로 건축되어 있다. 이 절은 원래 쌍용시멘트 공장의 채석장 부근에 있었는데, 사지(寺地)를 회사에 팔고 2km쯤 위에 있는 무릉반석 위로 1977년에 이전하였다.

신라 선덕여왕 9년 자장율사(慈裝律師)가 흑연대(黑連台)를 창건한 것이 삼화사의 첫 시작이 된다. 그 뒤 48대 경문왕(景文王) 4년(864)에 범일국사(梵日國師)가 중창하고 삼공암(三公菴)이라 부르면서 사적을 갖기 시작했다. 신라의 품일대사(品日大師)는 증수한 후 삼공사(三公寺)라 했다. 고려 태조원년(918)에 다시 증수되며 삼화사라고 개칭된 것이 지금까지 내려왔다.

이 절은 파란이 많았다. 선조 25년 임진왜란 때 병화(兵火)를 입어 효종 때 보수하였고, 순조 때 산불로 불에 탄 것을 그해 다시 중건하였다. 그리고 1906년 일본은 의병의 거점 파괴라는 이유로 대웅전 선당 등 200여 칸에 이르는 건물을 불태웠으나 후에 다시 복구하였다.

지금의 위치는 풍치가 아주 좋다. 일주문 아래로 펼쳐지는 무릉계곡과 넓은 암반 그리고 그 위를 흐르는 옥수, 군데군데의 청담(靑潭), 울창한 숲, 모두가 아름답다. 사찰의 건물은 규모 있게 배치되어 있다. 대웅전을 비롯하여 종각, 선방, 요사, 천왕문, 일주문, 객사 그리고 창고 등인데 각각 생김새도 훌륭하다. 문화재로는 대웅전 앞뜰에 고려 초 작품으로 추정되는 3층 석탑이 있다. 위쪽의 금란정(金蘭亭)이란 작은 정자가 이채롭다. 어느 정도의 거리를 두고 떨어진 곳에는 이 고장 출신 시인 최인희(崔寅熙)의 〈낙조〉라는 시비(詩碑)가 있다.

골을 따라 산길로 더듬어 오르면
나와 더불어 벗할 친구도 없고

묵중히 서서 세월 지키는 느티나무랑
운무도 서렸다 녹아진 바위의 아래 위로

은은히 흔들며
새어오는 범종소리

백석이 씻겨가는 시냇랑 뒤로 흘려보내고
고개 너머 낡은 단청
산문은 트였는데

천년 묵은 기왓장도
푸르른 채 어둡다니…….

■ 정상에 서면

청옥산 정상은 넓은 공터이다. 그 서쪽 끝에 정상임을 알리는 표지판이 있다. 손으로 햇볕을 가리고 멀리서부터 시선을 더듬어 내려왔다. 동해안을 따라 남하하던 태백산맥이 정남쪽으로 꺾인 그 굴곡지점에 이 산이 있다. 그 사이로 동북쪽을 향해 흐르는 무릉계곡(武陵溪谷)은 맑고 풍부한 청류로 좌우로 직립한 기암괴석과 우거진 수림으로 펼쳐졌다. 간혹 물줄기가 세찬 흐름과 느린 부딪침을 반복하며 흘러내린다. 물은 폭포와 소연(昭沿)을 이루면서 암반 사이를 훑는다.

동쪽에는 두타산의 줄기가 삼척을 향하여 내지르면서 오십정산 그리고 갈야산을 솟구쳤다. 맥의 끝은 동해로 고개를 떨구었다. 산줄기 능선을 분기점으로 북동으로 무릉계곡, 동으로 천은사계곡 등이 있다. 금강산, 설악산, 오대산의 백두대간이 한반도의 등뼈라면, 이것은 마치 배꼽 위로 뻗어 있는 갈비뼈 모양이라 할 만하다. 무릉계곡 쪽으로 흐르는 물은 두타산과 청옥산에서 흘러내린 물과 합류해서 수세가 세다. 천은사 계곡물은 태고의 신비를 그대로 간직하고 울창한 숲 속으로 뻗어 간다. 천은사는 수림 속에 제비집처럼 파묻혀 있다.

정상에서의 희열을 만끽하며 잠시 쉬었다가 두타산으로 발길을 재촉한다. 청옥산에서 두타산으로 가는 등마루는 4km, 차분한 마음의 여유를 주었다. 양쪽 산 사면은 모두 평평하고 초지로 덮여 있어 느긋함이 느껴졌다. 동해시와 삼척시 앞으로 끝없이 펼쳐진 동해는 저 멀리 태평양과 그 너머 아메리카 대륙의 존재 때문에 더욱 거대해 보인다. 서쪽으로는 영월, 평창 등 영서지방의 풍물들이 보일 듯하고, 발치 아래 정선골의 아우내와 아우라지의 골지천이 정선아리랑의 구성진 가락처럼 굽이굽이 휘어져 돌아간다.

■ 천은사(天恩寺)

청옥산 정상의 비경이 뇌리에서 채 가시기도 전에 두타산에 올랐다. 이곳 또한 신비가 희열 속에 묻혀온다. 무릉반으로 내려 꽂는 두타산성의 능선과 우측 동쪽의 순탄한 능선을 탔다. 오십산정으로 뻗친 능선은 완고한 노송들이 줄지어 암릉과 어우러져 있다. 골짜기에는 석회암 돌바닥이 돌절구를 이루었다. 이것을 이름하여 오십정(五十井)이라 한다. 돌 위에 크고 작은 웅덩이가 오십 개나 된다. 물이 너무 맑아 신정(神井)이라고 불리기도 한다. 예로부터 가뭄이 들면 기우제를 지냈고 매년 봄, 가을에는 정기적으로 큰 제사를 지냈다고 한다.

다시 능선길을 굽이굽이 돌아 내려오노라니 아직도 인간의 발길이 닿지 않는 듯한 미로면(迷老面) 일대의 숲이 엉그러져 있다. 그 경관이 참 볼 만하다. 계속 이어지는 길에 박힌 돌과 나무, 바람소리, 새소리를 즐기며 얼마 내려오니 힘차게 쏟아지는 계곡물의 소리가 울리는 울창한 숲속에 천은사가 있다.

이 절은 신라 제 35대 경덕왕(景德王) 17년(738) 두타삼선(頭陀三仙)이 백연(白蓮)을 갖고 이곳에 도착하여 사원(寺院)을 세우고 사원 이름을 백련대(白蓮臺)로 했다는 것에서 시작되었다. 그 후 42대 흥덕왕 4년에 통요범일국사(通曜梵日國師)가 극락보전을 세우고 보수하면서 절의 면모를 갖추기 시작했다. 고려 충렬왕 때 동안거사(動安居士) 이승휴(李承休)가 다시 증축하고 이곳에서 대장경(大藏經)을 완독하였고, 그로 인해 절 이름이 간장사(看臟寺)로 바뀌었다. 조선에 들어와서 선조 때 청허서산(淸虛西山) 대사가 이곳으로 와서 절을 다시 증축하고, 서남쪽의 보이는 산이 검푸르게 보인다 하여 흑악사(黑岳寺)라 개칭하였다. 광무 3년(1899)에는 이성계의 4대조인 목조릉(穆祖陵)을 수축하면서 이 절을 원당사(願當寺)로 삼아 하늘의 은혜를 기원하면서 다시 천은사(天恩寺)로 고쳐 부르게 되었다.

앞서 이야기한 이승휴는 성주(星主) 사람이다. 그러나 그는 일생의 대부분을 이 산 구동에서 보냈다. 구동 용계변(龍溪辺)에서 은둔하고 싶어 한 이승휴가 지내기에 안성맞춤이었을 것이다. 그는 이곳에서 역사적 대서사시『제왕운기(帝王韻記)』를 저술했다. 그는 불교에 심

취하면서 당시 백련대였던 삼화사에서 불교서적을 빌려 10여 년간 탐독하였고, 백련대의 이름을 간장사(看藏寺)로 개칭했다.

그는 자신의 전답을 시주하기도 했다.

별다른 문화재나 석물들을 찾지는 못했다. 그러다 이전에 삼화사의 옛 이름 중 하나인 간장사라고 쓴 법화경이 나왔었다고 한 스님이 알려주었다. 전체적인 당우(堂宇)는 조리가 있다. 법당을 비롯하여 육화전(六和殿), 영월루(暎月樓), 삼성각(三聖閣) 그리고 요사 등의 건물은 지은 지 얼마 되지 않았다. 한국전쟁 때 불에 탄 후 겨우 명맥을 유지하다가 문일봉(文一峰) 주지의 노력으로 지은 것이다. 절의 앞쪽 조망은 넓어 멀리 삼척 앞 동해가 보였다. 뜰에는 몇 백 년 쯤 되어 보이는 노송이 옻나무와 더불어 있다.

부처님께 읍을 올리고 골짜기 물줄기를 따라 15분쯤 나오니 미로를 경유하는 삼척행 버스가 나를 기다리고 있다.

명성산(鳴聲山)

923m

위치 : 강원도 철원군 갈말읍
　　　경기도 포천시 영북면 · 이동면

■ 산 이름의 유래

　궁예(弓裔, ?~918)는 태봉국(泰封國)의 임금이다. 신라의 제 47대인 경문왕(景文王)의 아들인 그는 세달사(世達寺)의 중이 되었다가 신라가 쇠약하여 각지에서 반란군이 일어나자 큰 뜻을 품게 된다. 그리하여 궁예는 진성여왕 5년(891)에 적의 괴수인 기훤(箕萱)의 부하로 들어갔으나 대우가 좋지 않다 하고 892년에는 다시 북원(北原)의 양길(梁吉)의 부하가 되었다. 양길 밑에서 그는 사방 10개 군을 침략하고 진성여왕 9년(895)에는 10개 군을 탈취하였으며 급기야 효공왕 2년(898)에는 송악에 도읍을 정하고 양길에게 반기를 들어 901년에는 스스로 왕이라 부르게 된다. 이것을 후고구려라 부르게 되었다.

　그리고 효공왕 8년(904)에는 드디어 나라를 세워 국호를 마진(摩震)으로 고치고 도읍을 철원으로 옮겼으며 연호를 무태(武泰)에서 수덕만세(水德萬歲)로 고쳤다. 그때에 황해도, 강원도, 경기도의 대부분과 평안도, 충청도 일부를 점령하였으며 왕건(王建)에게 수군(水軍)을 주어 진도(珍島)와 금성(錦城)을 점령하여 서남해의 해상권을 장악하게 하였다.

　그러나 궁예는 국력이 강대해지자 자기 자신은 미륵불이라 하고 두

아들은 보살이라 하여 사치한 생활과 횡포한 언행으로 신하들을 괴롭히고 궁궐을 호화롭게 건축하여 호화방탕한 생활을 함으로써 국가 재정이 궁핍하여지고 민생을 도탄에 빠지게 하였다. 그뿐만 아니라 관심법(觀心法)을 터득하였다 하여 애매한 사람들을 많이 죽임으로써 부하의 이반이 생기더니 태봉국의 장군인 신숭겸을 비롯하여 홍유, 배현경, 복지겸 등이 의거하여 왕건을 추대하게 되었다.

궁예는 몇 십 명의 심복들과 이 산으로 도피하여 성을 쌓고 추격하는 왕건 군과 싸웠으나 패배하여 군사들을 해산하고 홀로 피신하게 되었다. 이때 신하들이 목을 놓아 우는 소리가 메아리쳤다 하여 '명성산(鳴聲山)' 또는 '울음산'이라는 이름으로 부르게 되었다는 유래가 전해지고 있다.

그 후 궁예는 결국 현재의 평강(平康) 땅에서 피신하던 중 백성들에게 붙들려 피살되고 말았으니 무릇 정치는 백성들을 걱정하고 백성들을 위하여야 된다는 것을 우리는 이 명성산에서 깊이 깨달을 수가 있었다.

■ 위치

이 산은 강원도 철원군과 경기도 포천군에 위치하여 도의 경계를 가르고 있으며 신철원 남쪽으로는 삼각봉(903m)을 만들고 그 옆으로 망우봉(440m)과 이어지고 있었다.

그리고 동쪽으로 높은 광덕산(1,046m)과 맥을 같이하면서 아름다운 바위산으로 솟아있어 철원지방의 8경 중의 하나이다. 산기슭 기에는 그 유명한 산정호수(山井湖水)와 삼부연폭포(三釜淵瀑布)가 있고 용화저수지와 강포저수지가 놓여 있어 산수가 화합하여 자연미가 넘치는 곳에 위치하고 있었다.

■ 산정호수

　버스가 포천에서 영북면 산정리에 도착하니 앞에서 이야기한 산속의 호수가 놀랄만큼 아름답게 은빛 햇살을 반사하며 투영하고 있었다. 북으로는 명성산이 우아한 산모습을 자랑하고 있고 오른쪽에 있는 447봉은 암만(岩巒)과 노송이 어우러져 운치가 매우 좋으며 그 사이에 좁은 협곡을 막아 제방을 쌓아서 만든 곳이 있었다.
　운천(雲川)에서 동쪽으로 4km 지점에 있는 이 호수는 1921년에 조성되었는데 넓이가 0.26㎢로 수심은 23.5m나 되고 왼쪽으로는 망우봉(294m)이 있는데 궁예군의 망대(望臺)가 있었다는 것이다.
　사방을 둘러보니 상하의 주차장이 잘 만들어져 있고 그 둘레에는 모텔·파크 또는 여관과 민박 식당들이 있고 기념품 상점들이 즐비하였다. 제방에 올라가보니 호수를 왼쪽에 끼고 안으로 들어가면서 앞을 가로막은 명성산의 웅장한 자태와 비취빛 호수의 조화된 산수미가 다시 한 번 감탄사를 자아내게 하였다. 호숫가에는 보트들이 사람을 기다리는지 말뚝에 매어 늘어서 있기도 하고 물살을 가르며 호수 한 가운데를 질주하는 것들도 있어 그림처럼 조망되고 있었다.
　그 언덕 위에는 방갈로와 풀장 등의 휴식공간이 조화를 이루고 우거진 수목사이 그늘 속에 지어져있는 위락시설들 밑으로 잘 깎아진 초록빛 초원이 행락객들의 마음을 들뜨게 하고 있었다. 호숫가를 따라 곱게 다듬어진 산책로 위로는 많은 행락객과 연인들이 팔짱을 끼고 데이트를 하는 모습들이 이국적인 정서를 풍기고 있었다.
　저수지 뚝 위쪽에 수십 미터 높이는 됨직한 폭포가 물보라를 튕기며 쏟아져 내리고 있었다.
　폭포 바로 위 옆으로는 매운탕이라는 간판을 내건 식당들이 들어서 있었는데 그곳은 한때 김일성이 별장으로 썼다는 이야기도 내려오고 있었다. 하여간 이곳은 서울에서 그리 멀지않고 경치가 아름답다보니 여름이면 피서객들이 붐비고 겨울이면 얼음이 얼어 스케이터 광들이 모여들고 봄·가을이면 꽃과 단풍을 찾아 행락객들이 붐을 이루고 있는 곳이고 보니 사시사철 관광객과 등산객들이 끊이지 않고 있는 곳이었다.

명성산 능선에서 바라본 산정호수

■ 등산길

산정호수에는 아래쪽과 위쪽에 각각 주차장이 있었는데 잘 다듬어진 위 주차장 오른쪽 길로 들어서니 비선폭포가 물줄기를 쏟아 붓고 있었다. 그 폭포소리가 채 가시기도 전에 등용폭포와 이정폭포의 굉음이 다시 귓전을 울리며 장관을 이루고 있어 등산길은 그리 지루하지 않았다. 그러나 계곡길을 1시간 정도 이리저리 건너며 오르고 나니 북쪽으로 능선길이 이어지고 있었는데 그 길은 경사길로 좀 지루할 정도였다. 그 비탈길을 다시 30분 정도 올라서니 길은 서쪽으로 꼬부라지고 화전민 터가 나타나는데 샘이 있어 10분 정도 쉬면서 물을 마시니 피곤해져 오는 육신이 다시 충전된 듯 활기가 북돋아 오른다. 그 활기로 30분 정도 오르고 나니 그곳은 893봉이었다. 893봉에서 북쪽으로는 암릉으로 된 바위길이 오르락내리락 이어져 있고 한 질로 큰 억새밭 속을 걷고 나면 명성산 정상이다.

  정상은 민등봉이나 전망이 좋았고 남쪽으로 이어진 봉우리들이 장쾌하게 바라보였다. 정상을 정복하였다는 패기와 긍지로 손을 오므려 입에 대고 "야호 야호" 하고 소리를 지르니 그 메아리는 거대한 산에 부딪쳐 아래쪽으로 곤두박질하며 줄달음쳐 산산이 부서져 사방으로 흩어지며 퍼져나가고 있었다. 혼신을 다하여 산에 올랐다는 정복의 만끽도 잠시 "또 올 수 있을까?" 하는 미련을 남기며 우리는 바쁜 하산길을 찾아야 했다.

  정상에서 서쪽으로 10분 정도 내려오다 보니 길옆에는 용의 머리와 흡사한 고사목이 있어 흥미를 끌었다. 이 길에서 강포3교까지는 계곡길이 이어지고 있었는데 물소리를 내며 흘러내리는 계곡길은 작고 큰 폭포와 소(沼)가 연출하고 있어 아기자기한 하산길이 되었다. 등산을 시작하고 나서부터 이곳 강포3교까지 모두 4시간 30분이 걸린 셈이었다.

■ 삼부연 폭포

  강포3교에서 우리는 기다리던 대절버스를 타고 명성산 북쪽에 있는 철원 8경 중의 하나인 삼부연폭포로 갔다. 이곳까지 와서 그냥 갈 수가 없기 때문이었다. 이 폭포는 철원읍, 갈말읍, 신철원 3구에 있었는데 신철원에서 동쪽으로 2km 지점에 있었다. 주차장에서 차를 내려 경찰서와 군청 앞을 지나니 왼쪽 언덕위에 충혼탑(忠魂塔)이 보이고 오른쪽으로 내(개울, 개천)가 흐르고 있었다. 그 사이에 난 길로 물줄기를 따라 협곡을 돌아 들어가니 왼쪽에 높이가 약 20m 되는 폭포가 검푸른 물속으로 내리꽂히는데 물보라가 얼마나 센지 30여m 밖에까지 날아오고 있었다. 그 물보라는 은구슬이 되어 햇빛에 무지개를 그려내고 있었다. 한없이 신비스러운 오색찬란한 무지개였다. 그것만으로도 이곳에 온 보람을 느꼈다.

그러나 마음속에 더 큰 충격을 주고 있는 것이 있었는데 그것은 바로 그 아래쪽에 있는 작은 연못이었다. 폭이 30여m 밖에 안 되는 타원형 모양의 그 연못은 세찬 물줄기와 커다란 굉음을 아무런 상처 없이 받아내고 있는 것이었다.

하얀 물줄기가 너무 세차서 바닥이 드러날 것 같이 깊숙이 파이는데도 그는 버티고 그 숱한 물세례를 묵묵히 받아내고 있는 것이었다. 그것은 너무나 큰 사건이었다. '이다지도 큰 고통을 참는다는 것. 그것은 단지 심연(深淵)이기 때문에 해낼 수 있는 것이 아니겠는가?! 사람 마음이 저 심연처럼 깊다면 어떠한 고통도 이겨나갈 수 있으리라.'는 생각이 폭포기둥에 숨어 있는 기암절벽처럼 무엇인가 붙잡을 수 있는 정취감이 한없이 감돌고 있었다.

■ 용화저수지

폭포 옆쪽으로 부연사(釜淵寺)라는 절이 있었다. 그러나 절다운 면모가 없는 것으로 보아 작은 암자 같기도 하였다. 거기서 기웃거리는데 어느 보살 한 분이 나오기에 손바닥을 모아 절을 하고 이곳에서 더 볼 것이 없느냐고 물어보니 용화저수지가 있다고 가리켜 주었다. 이 저수지는 오룡(五龍)터널을 지나 5리쯤 가면 타원형으로 생긴 것이 나오는데 1967년경부터 낚시터로 유명하여 강태공들이 많이 찾아오는 곳이라고 설명하여 주었다. 그리고 저수지 상복리 쪽에 약사령(藥師領)이 있는데 이곳에 올라서서 오른쪽으로 가면 명성산 정상까지 오를 수 있다고 등산로까지 친절히 가리켜 주었다. 태양은 어느새 산속으로 묻혀버리고 부연사도 그늘이 지기 시작하였다.

다음에 이 산을 등산할 기회가 있으면 이쪽 약사령 쪽으로도 "올라가보리라" 하고 다짐하면서 우리는 귀갓길에 접어들었다.

■ 이동숯불갈비

포천군 일동면에 있는 유스호스텔에서 목욕을 하고나니 피곤이 쉬 풀렸다. 이곳은 용암온천으로 지구의 속살이 뿜어내는 용암수가 땀에 흠뻑 젖은 혼신을 씻어내어 피로를 쉽게 가셔낸 것 같다. 그곳에서 조금 떨어진 포천군 이동면은 갈비의 별미촌이었다. 이동갈비는 원래 이 지역의 군부대에 면회 왔던 면회객들이 먹어보고 소문이 나기 시작한 만큼 소문처럼 푸짐한 것이 큰 특징이었다. 그렇다고 특별한 맛을 느끼는 것은 아니었으나 지금은 전국 어느 곳이나 이동갈비가 유명해졌고 이곳 도로 변에도 "원조 이동갈비"라는 큼직한 간판을 걸고 즐비하게 들어서 있어 더욱 매력을 느꼈다. 더구나 요즘처럼 주차하기가 어려운 때에 이곳은 주차장이 널찍하게 시설되어 있어 먹어보고 싶은 유혹을 느꼈다. 갈비를 뜯으며 주거니 받거니 하는 몇 잔의 소주에 취기와 흥이 절로 일어나고 배부른 포만감에 묻어오는 흐뭇함은 철원 평야를 굽이굽이 돌아 임진강과 합류하는 한탄강변의 깎아지른 절벽에 힘차게 굽이치는 물살과 같이 풍성한 귀갓길이 되었다.

백덕산(百德山)
1,350.1m

위치 : 강원도 평창군 방림면
　　　　평창군 평창읍
　　　　영월군 수주면

■ 맥(脈)

　백두산에서 남쪽으로 뻗어내려 금강산, 설악산, 오대산, 태백산, 두타산, 소백산, 월악산, 속리산, 덕유산 그리고 지리산으로 이어지는 우리나라의 큰 산줄기를 우리는 백두대간이라고 부른다.
　이 백두대간의 오대산을 기점으로 태안반도 쪽으로 한 가닥 뻗은 것이 차령산맥이다. 그리고 이 산맥의 꼭짓점이 바로 백덕산이다.
　백덕산의 맥은 다시 북으로 운교리를 지나 계촌마을 뒤쪽에 위치한 장미산(979.8m)과 덕수산(1,000.3m) 너머로 이어지고, 다시 횡성의 태기산과 봉평의 흥전산을 만든 후 회령봉을 거친다. 동쪽으로는 운두령을 타고 계방산, 오대산으로 뻗었다. 등산하려면 이러한 맥을 알아야 했다.
　백덕산은 산이 첩첩이 쌓인 가운데 놓여 있다. 옆의 사자산(獅子山)과 한 맥으로 붙어 구분하기가 쉽지 않다. 그래서 문득 불안한 생각이 든다. 목표를 잃지 않을까 하는 느낌 때문이다. 그러나 얼른 그 같은 기분을 떨어버렸다. 신성해야 할 등산이 불안해서야 되겠는가.

■ 가는 길

　백덕산은 북쪽에서보다 남쪽으로 오르는 것이 경관이 좋고 묘미도 있다. 서울에서 이 산까지 오는 교통은 좀 불편하다. 북쪽 코스를 밟으려면 강원도 원주에서 안흥을 경유하여 평창행 버스를 타고 문재(토안리) 또는 운교리에서 내리면 된다. 원주에서 운교리행 버스는 하루에 대여섯 번 운행되는데, 시간은 1시간 반 정도 걸린다. 남쪽코스를 밟으려면 제천시에서 주천행 버스를 타고 주천에서 내려 다시 법흥사(法興寺)행 버스로 바꿔 타고 종점에서 내리면 된다. 법흥사행 버스는 하루에 4~5회 정도 다니므로 시간을 잘 맞춰야 한다. 제천에서 주천까지의 거리는 20km이고 주천에서 법흥사까지는 16km인데, 시간은 1시간으로 동일하게 소요된다. 주천에서 가는 길은 계곡 옆으로 나 있어서 차의 속도를 줄이고 천천히 가야 하기 때문이다. 버스종점에서 법흥사까지는 1.2km로, 걸어서 20분 정도 걸린다.
　이곳은 하늘이 빠끔히 보일 정도로 오지라서 수려한 산수가 아름답고 한적하다. 그러나 요즈음엔 등산객들과 순례하고 있는 불교신도들이 관광버스로 찾아오고 있어 적막하지는 않다. 법흥사 오른쪽 뒤 골짜기를 타고 1시간 반 정도 오르면 안흥면 일대가 내려다보이는 능선에 오를 수 있다. 그런 후 바른쪽 오솔길로 접어들면 연화봉 뒷면의 사자산으로 가는 등산길이 있다.

■ 요선정(邀僊亭)

　법흥사에 가기 전, 말로만 듣던 요선정에 들렀다. 이곳은 주천리에서 법흥리를 향하여 4km쯤 올라가다가 무릉리(武陵里)라는 큰 마을의 새마을 회관을 지나 토실리라는 곳의 동산 위에 있다. 동산 밑으로 주천강(酒泉江)과 백덕산에서 흘러내려오는 물줄기가 합쳐진다. 수면 위에는 암석과 소나무로 덮인 울창한 산봉우리가 드리워져 있다. 60여 m 위에 정자가 있다.

암석과 소나무로 조화를 이루고 있는 요선정

　정자 안에는 숙종(肅宗)이 썼다는 어시(御詩)와 선인(先人)들이 풍류를 읊은 글귀들이 걸려 있다. 정자 옆의 큰 바위 단면에는 마애불이 조각되어 있는데, 지방문화재로 보호받고 있다. 그 앞에는 완전하지 못한 작은 석탑도 있는데 확실한 제작 연대는 알 수 없었다. 다시 물가에 내려오니 커다란 순백의 차돌바위가 물 가운데 놓여 있다. 여러 군데가 화산의 분화구처럼 파였고 거기서부터 물이 흘러내리고 있다.
　얼핏 보아서는 잘 몰랐는데 자세히 보니 주변 환경은 꽤 오염되어 있다. 사람들이 쉬어가기 무색할 정도다. 환경과 문화유산에 대한 시급한 보호대책이 요망된다.

■ 법흥사(法興寺)

연화봉 아래에는 수십 미터나 하늘로 곧게 뻗은 늙은 소나무들이 있다. 법흥사는 그 나무숲에 묻힌 산골짜기 깊은 곳에 있다. 연화봉 너머 사자산의 수려함이 마치 사자가 누워있는 형상으로 펼쳐진다. 연화봉은 사자의 머리가 된다. 그래서 법흥사를 지켜주고 있는 듯하다.

절에는 법당과 심우장(尋牛蔣)이라는 대방이 있다. 이곳에서 노송숲을 뚫고 100여m 올라서면 선원(禪院)과 요사채가 눈에 띈다. 그곳에서 다시 100여m 오르니 적멸보궁(寂滅宝宮)이 있다. 적멸보궁이란 부처님의 진신사리가 모셔진 곳이다.

선덕여왕 12년(643) 자장율사가 부처님의 진신사리를 사자산 연화봉에 봉안하고 그 옆에 토굴을 파고 좌선(坐禪)함으로써 이 절의 역사가 시작되었다고 한다. 그래서 이 절에 적멸보궁이 있는 것인가 보다. 신라 제46대 문성왕 때 법흥사는 더욱 발전하게 된다. 당나라에서 돌아온 철감선사(澈監禪師) 도윤(道允)이 흥영선원(興寧禪院)을 세움으로써 신라 선문구산(禪門九山)의 하나인 사자산파(獅子山派)를 만들었기 때문이다. 그 후 도윤의 제자 절중(折中)이 주석으로 있을 때 법흥사는 전성기를 이룬다.

절중(826~900)은 7살에 오관산 진전(珍伝)에 의하여 중이 되었다. 15세에 부석사에서 화엄경을 배웠고, 19세 때 백성군(白城郡, 안성의 신라시대 명칭) 정곡사에서 구족계(具足戒)를 받는다. 그 뒤 전국의 명산을 유람하다가 도윤을 만나 그의 제자가 되어 법(法)을 이었다. 헌강왕은 절중을 크게 존경하였고 진성여왕은 그를 국사(國師)로 삼으려 했다. 그러나 절중은 끝내 사양했다. 효공왕 때 숨을 거두니 시호는 징효대사(澄曉大師), 탑호는 보인(寶印)이다. 다비(茶毘) 때 1천 여 개의 사리가 나와 석분과 사리탑을 만들고 보관했는데, 그것이 바로 이곳에 있다. 탑은 법당과 심우장 사이에 있으며 보물 제61호이다. 옆에 서 있는 탑비는 고려 제2대 혜종원년(944)에 세워진 것으로 기록되어 있다. 그 후 이 절은 1902년에 재건되었으나 1912년 화재로 소실되었고, 1932년 보수하면서 절 이름이 흥영사(興寧寺)에서 법흥사(法興寺)로 고쳐졌다. 한국전쟁 당시 또 불에 탔으며 다시 중건되었다고 한다.

법흥사 적멸보궁의 진신사리가 모셔진 사리탑

■ 등산

법흥사에서 계류를 타고 연화봉을 거쳐 사자산에 올라 백덕산으로 올라가는 길이 있지만 시간이 너무 촉박하고 경치 또한 정남쪽 코스보다 못할 것 같아 우리는 다시 절 밑으로 2m쯤 내려와 대촌에서 큰 계류를 헤치며 오르기 시작했다. 1,094봉 그리고 1,261봉으로 이어지는 능선길은 백덕산의 대들보 역할을 한다. 그곳에서 뻗어내린 석가래 같은 산줄기가 장관을 이룬다. 남쪽으로 오르기를 잘했다고 생각하며 바윗길로 이어져 있는 정상길에 도전한다. 길은 제대로 나 있지 않고 인적이 드물어 고적하기 그지없다. 꼬불꼬불 어스름 길마다 암봉이 용립해서 앞을 분간하기 힘들다. 온몸이 땀에 젖어 땀방울이 절절 흘렀다. 갈길은 먼데 길은 험할 뿐이다. 겨울철이면 적설량이 많고 멧돼지까지 다닐 정도라더니 과연 실감났다.

영육(靈肉)을 집중하여 올라선 곳, 그곳은 별천지다.

■ 정상에서

남동쪽으로 펼쳐지고 있는 주천강과 평창강을 넘어 첩첩이 이어지는 영월, 정선의 산줄기는 하도 깊어 몇 세기를 가도 모두 볼 수 없을 것 같다. 아아(峨峨)한 산속에서 영월이 희미하게 보인다. 단종의 한이 생각났다. 물이 비켜 흘러가고 소나무도 엎드려 절한다는 청령포의 노산군 말이다. 외진 곳으로 유배된 단종은 오늘도 한을 품었음인지 안개가 뿌옇게 서려 있다.

어디 단종뿐이리!

사람 한 명 살지 않는 산 속, 산짐승과 벗을 하고 날짐승과 이야기하며 한평생 산봉우리와 살겠다고 단칸집 지어 하늘을 보지 않으며 한목숨을 유지했던 김삿갓의 어머니 이씨부인의 한도 있다. 북쪽 땅에서 흘러내려와 화전을 일구며 목숨을 연명했던 고구려 유민의 혼도 피어오른다. 그 외진 형상으로 하늘 아래 감옥이 된 청령포 주변은 단종과 함께 억울하게 죽어간 수많은 넋이 하소연하는 소리가 울리고 있을 것이다.

남쪽으로는 주천강이 흐르고 동으로 평창강이 흐르며 서쪽으로는 회천강이 감싸는 이곳은 하나의 만(灣)이다. 이 강들의 길이는 거의 같다. 꼭 쥔 주먹처럼 가운데 손가락 뼈마디 위에 우리들이 서 있는 것이다. 옆의 1,261봉은 검지, 1,280봉은 무명지이며, 1,262봉은 새끼손가락이다.

 정상에서 보면 이 산은 대체로 둥근 모양이다. 그러나 치악산에서 바라볼 때는 럭비공처럼 타원형이고, 영월 쪽에서는 주먹처럼 둥글다. 그런데 북쪽의 모양은 사람의 뒤통수다. 남쪽은 얼굴모양이다. 이처럼 위치에 따라 모양이 각각이니 정확한 형상을 말하기는 참 어렵다. 정상에서 보는 것 또한 다르다. 치악산과 서로 붙은 백덕산은 치악산이 일직선의 형태인데 비해 안쪽으로 구부러진 모양이다. 같은 산맥의 같은 위치에 있으면서 서로 그 생김이 이렇게 다를 수가 있나 하는 생각이 든다.

 바라보는 위치에 따라 생김이 다르니 당연히 그에 따른 느낌도 다르다. 북쪽에서 보는 백덕산은 암벽이라곤 눈에 거의 띄지 않고 둥글 넓적하여 너그럽게 보인다. 그러나 남쪽으로는 깎아지른듯한 암벽이 많아 날카롭기 때문에 대단히 예민하고 신경질적인 사람의 얼굴 같다. 암벽에서 연화봉과 병풍바위를 거쳐 1,162봉까지는 안쪽으로 다 연결된 암릉지대다. 그리고 남쪽 수주면 계곡에서 시작된 절벽은 백년광산을 거쳐 정상까지 기교를 부리며 연결되어 있다. 이런 짜임새는 밀리서 보면 둥글어서 너그럽고 유한 듯하지만, 가까이 보면 실상은 날카로운 바위가 그 날을 세우고 있다. 외유내강의 여인네 마음을 나타내고 있는 것 같다.

 절벽마다 푸른 소나무가 암벽을 뚫고 나와 그 강한 가지는 가히 신선의 지팡이로 쓰일 만하다.

■ 사자산, 그 이름

 백덕산의 주봉인 1,181봉은 사자산(獅子山)으로 표기된다. 그래서인지 법흥사도 사자산에 있는 절이라고 명기되었다. 이 절의 뒤쪽 2km 지점에는 토굴이 있다. 높이는 2m, 길이와 넓이는 각각 3m쯤 된다.

토굴 속에는 길이가 1m, 넓이가 50cm 가량 되는 돌함이 있다는데, 그것은 뚜껑으로 덮여있다. 내력을 보니 신라 보인 스님이 패엽경(貝葉經)을 소장한 것이라고 되어 있다. 옆으로 큰 바위가 있는데 그것은 마치 누운 사자의 형상을 닮았다. 그래서 사람들이 이 산 이름을 사자산으로 부르게 되었다는 설화가 있다. 1715년에 윤두서가 쓴 〈동국여지도(東國輿地圖)〉에는 백덕산으로 표기되어 있다. 사자산이건 백덕산이건 한 맥으로 산이 붙어있으니 이름도 하나로 통일하는 것이 어떨까 한다.

백적산(白積山)

1,141m

위치 : 강원도 평창군 용평면 · 대화면 · 진부면

■ 개관(槪觀)

평창은 태백산맥에 놓여 있기 때문에 둘레에 높고 험준한 산들이 많아 이 고장의 평균 해발 고도만도 600m가 넘는다. 특히 북서쪽에는 높이 솟아있는 오대산(1,563m)에서 갈라진 차령산맥이 뻗어 계방산(1,577m)과 흥정산(1,277m)을 비롯하여 태기산(1,216m), 청태산(1,202m), 백덕산(1,350m)이 놓여 있고 동쪽에는 황병산(1,407m)과 고루포기산(1,238m)을 비롯한 발왕산(1,458m), 박지산(1,394m), 백석산(1,365m), 청옥산(1,256m), 가리왕산(1,561m) 등의 연봉들이 큰 맥을 이루고 있다.

이 백적산도 이들 연봉중의 하나로 백두대간이 설악산(1,707.9m)에서 남쪽으로 뻗어내려 오다가 오대산 두루봉(1,421.9m)에서 다시 남쪽으로 갈라져 내려오던 중 계방산에 도착하여 또 분기되어 남으로 달아나다가 백적산을 만들고 이 산에서는 다시 남으로 두 갈래 산줄기가 되어 한쪽은 잠두산(1,403.7m), 백석산(1,364.6m), 청옥산(1,403.7m) 등의 주맥을 만들고 다른 한 갈래는 서남쪽으로 뻗어 금당산(1,174m), 거문산(1,175m), 절구봉(1,045m)을 만들고 있다.

이 백적산은 대화천의 발원지가 되고 이 물은 평창강과 합류하여 남한강으로 흘러들고 있으며 백적산 양쪽으로는 오대천과 속사천이 흘러내리고 있다.

　이 산은 이 지역 석회암 지층의 카르스트 지형을 이어받아 석영석과 석회석이 섞인 암석이 많아 흰색을 나타내기 때문에 백적산 또는 흰적산으로 불리는데 날씨가 궂은 날은 검은 회색으로 보이고 날씨가 좋은 날은 희게 보이는 것이 특이하다. 그러나 이 산은 주변의 오대산을 비롯한 계방산, 가리왕산, 청옥산, 두타산 등 유명한 산들이 많아서 잘 알려지지 않아 인적이 드물며 산림이 울창하고 형제 바위와 수리 바위 등 기암들도 있어 그렇게 인기가 없는 산은 아니었다.

　참고로 이 산의 북동쪽으로는 강릉시가 위치해 있고 동쪽으로는 정선군, 북쪽으로 홍천군, 서쪽으로 횡성군, 남쪽으로 영월군이 위치하고 있다.

■ 여정(旅程)

　강원도 평창하면 오지의 땅으로 옛날에는 찾기가 어려웠다. 그러나 요즈음은 도로망이 어디에나 연결되어 있어 교통이 편리하다. 특히 우리나라에서 대표적으로 횡축으로 되어 있는 영동고속도로는 인천광역시 남동구에서 강원도 강릉까지 총 연장 234.4km로 연결되어 1994년도부터는 신갈~원주 간을 4차선으로 확장개통하기 시작하여 지금은 전 구간을 왕복 4차~8차선(폭 23.4m)으로 말끔히 개통시켜 놓았다.

　아침 일찍이 우리 일행들을 태운 산행버스는 영동고속도로 위를 잘도 달리고 있었다. 이천, 여주를 지나 원주에 도착할 무렵부터 저만치 차창 너머로 바라보이는 치악산을 시작으로 산들이 첩첩이 중첩되어 갔고 길은 서서히 고도로 밀어 올려가고 있었다.

　드디어 영동의 몇 개 터널을 빠져나가니 벌써 오대산 어귀에 도착하여 진부를 앞에 두고 장평IC를 빠져나간다. 길가에는 언제부터인가 가슴을 시원하게 뚫어 주며 쫄깃쫄깃한 맛을 감겨주던 메밀 막국수집이 눈에 띄고 잠시 후 봉평을 지난다.

봉평(逢坪)하면 무엇보다 소설가 이효석과 그의 소설 『메밀꽃 필 무렵』이 생각난다. 사시사철 계절의 변화에 민감하게 반응하는 산골마을의 정경을 담은 투박한 시골사람들의 미묘한 심리가 연상되지 않을 수 없었다.

봉평은 그 소설의 배경이 된 곳이라 그러한지 요즈음은 봉평면 흥정리 맑은 흥정계곡에 허브나라라는 꽃 농원이 있어 로즈민트, 애플민트, 레몬밤 등 예쁜 허브도 많고 아네모네꽃 등 예쁜 꽃들도 많아 바라만보아도 행복해지는 그런 아름다운 곳이기도 하다.

장평IC를 빠져나와 국도 31호를 남쪽으로 달리던 버스는 신리초등학교에서 군도 6호선에 접어든다. 길가에는 씨감자 재배단지와 고랭지 채소단지가 계속 펼쳐지고 있었다. 이 군도는 2007년부터 대화면 신리에서 진부면 마평을 연결하는 확장 포장공사가 시작되어 국도 33호 장제리까지 확장 포장이 완공된 도로였다. 도중에 자작정을 경유하여 백적산 중턱에 있는 소근리의 모릿재 터널 입구에 버스는 멈추어 섰다. 이 모릿재 터널은 해발 700여m나 됨직해 보였고 그 위쪽으로 KBS 안테나가 설치되어 있으며 300여m 되는 그곳까지 시멘트 도로가 개설되어 있었다.

■ 등산길

KBS 안테나가 설치되어 있는 포장길 따라 50m쯤 올라오니 안테나를 관리하는 관리사무소가 컨테이너 박스로 지어져 있었는데 근무자는 없었고 그 포장길에는 자동차 진입금지 차단막이 설치되어 있었다. 차단막 옆으로 30여m 올라오니 우측으로 등산로 입구라는 이정표가 있어 우리 일행들은 드디어 등산길에 접어들었다. 등산길은 사람들이 많이 다니지 않아 잘 발달되지 않았고 급경사로 금세 숨소리가 가빠오기 시작하였다. 그러나 원시림처럼 천연 숲이 울창하게 이루어져 있었고 이름 모를 잡초와 야생화들이 꽉 차 있어 태고의 신비를 감수하게 하고 있었다.

한여름의 무더위인데도 내륙 고원지대이기 때문인지 기온이 서늘하였다. 잣나무, 굴참나무 등 키 큰 나무들이 짙게 우거져 숲속이 어두울 정도로 숲은 짙었으나 쾌적한 기분이 들었다. 얼마 후 해발 800m가 넘는 주능선에 올라서게 되었다.

그곳에서 음료수로 목을 축이고 잠간 휴식을 취한 후 20여분 올라오니 숲 위로 등줄기를 드러낸 안부가 나타나고 좌측으로 백적산 정상이 뽀족하게 가끔씩 숲 사이로 나타보였다.

정상은 날이 흐려서 그런지 거무스름한 암석같이 보였다. 숲속에서는 서늘한 산바람이 불어 흘러내리는 땀방울들을 말리고 있었다. 정상까지 얼마 남지 않은 것 같아도 경사가 대단히 가파르고 땅이 질편하여 미끄러져 넘어지기 쉬웠다. 한겨울 눈이 많이 내렸을 적에 왔더라면 엉금엉금 기어오를 뻔하였다. 길가에 손잡이처럼 서 있는 나뭇가지를 붙들기도 하고 바위 위를 기어오르기도 하며 반시간이나 걸려 가파른 비탈길을 올라서니 그곳이 정상이었다.

■ 정상에서

정상 일대는 희고 검은 바위들이 너덜겅지대처럼 널려 있고 그 위에 혹부리처럼 우뚝 서 있는 암봉이 있었는데 그 옆 참나무에 누군가 작은 양철판으로 정상표시판을 붙들어 매 놓았다. 혹부리처럼 서 있는 바위에 올라서 사방을 둘러보니 조망이 매우 좋았다. 겹겹이 쌓여져 있는 산맥들이 온 지구를 그렇게 산맥들로 둘러 쳐 놓은 듯이 펼쳐져 있는 산줄기들 또한 장엄해 보였다.

정상 일대는 너덜겅지대가 많다

　북쪽의 희령봉(1,320m)과 보래봉(1,324.3m)도 보였고 오대산, 노인봉, 황병산, 박지산, 노추산, 상원산 등이 장엄하게 뻗어 있었다. 남쪽의 잠두산, 백석산, 중왕산, 가리왕산, 청옥산, 남명산 등이 산맥과 산맥을 잇고 또는 앞뒤를 서서 웅장하게 뻗쳐 있었다.
　서쪽으로는 괴밭산 너머로 거문산과 금당산 또 절구봉 등이 평창강 물속으로 빠져들어 가는 듯 했다. 사방천지의 산들이 전부 눈 아래 펼쳐지고 있었다. 하늘의 신선이 되어 지구의 산상을 내려다보는 듯 했다. 우리들은 이 산과 산들을 그냥 바라만보아도 좋았다.
　하산은 뚜렷한 이정표도 없고 잡풀이 뒤덮인 등산길로 내려가는 것이 걱정스러워 원점으로 회귀하고 보니 모두 3시간이 걸린 셈이었다.

삼악산
654m

위치 : 강원도 춘천시 서면

■ 궁예(弓裔)의 도피처

태봉국(泰封國) 임금 궁예는 신라 46대 헌안왕(憲安王) 또는 경문왕의 아들이라고 한다. 신라 말 혼란한 정국, 궁궐 안의 암투로 어린 왕자가 죽게 될 위기에 처하자 그의 유모는 몰래 왕자를 구출해낸다. 그녀는 왕자를 경기도 풍덕의 세달사(世達寺=興敎寺)로 데려와 양육한다. 따라서 궁예는 신라에 깊은 원한을 지녔다. 그는 스스로 선종(善宗)이라 하고 기회를 엿보던 중 진성여왕 5년(861)에 죽주(竹州)의 적괴(賊魁) 기훤(箕萱) 밑으로 들어간다. 그러나 대우가 좋지 않으므로 북원(北原, 지금의 원주)의 적괴 양길(良吉)에게 간다. 궁예는 양길의 신망을 얻어 사방 10군을 공략하였고, 진성여왕 9년(895)에는 다시 10여군을 탈취했다.

그는 송악(松嶽)에 수도를 정하고 반기를 들어 스스로 왕이라 칭한다. 국호는 후고구려이다.

그 후 효공왕 8년(904)에는 국호를 마진(摩震), 연호는 무태라 하고, 이듬해(905) 수도를 철원(鐵原)으로 옮긴다. 그리고 7년이 지난 911년 국호는 태봉(泰封), 연호는 수덕만세(水德萬歲)로 다시 고쳤다. 강원, 경기 그리고 황해도의 대부분과 평안도와 충청도의 일부가 궁예의 점령지였다. 그는 자신의 수하 왕건(王建)에게 수혁(水革)이라는 벼슬을 주어 진도(珍道) 금성(錦城)을 점령하게 하여 서남해 해상권을 손에 넣었다. 이렇게 한참 국력이 강대해질 때 궁예는 정신발작을 일으키기 시작했다. 그는 자신을 미륵불(彌勒佛)이라 칭하고 두 아들을 보살(菩薩)이라 했다. 그리고 사치한 생활과 포악한 언행으로 신하들을 괴롭혔다. 궁예는 호화로운 궁궐을 짓고 방탕한 생활에 빠진다. 따라서 국가재정은 궁핍해지고 민생은 도탄에 빠졌다. 이뿐이 아니다. 그는 자신이 관심법(觀心法)을 체득해 사람의 마음을 읽을 수 있다며 신하들에게 반역의 누명을 씌워 마구 죽였다. 결국 그의 광기는 부인 강씨(康氏)와 아들에게까지 미친다. 궁예는 자신의 가족마저 잔혹하게 살해한 것이다. 궁예는 완전히 미쳤고 폭군으로 전락한다.

삼악산 등정길

날이 갈수록 부하들의 마음은 이반되었다. 신숭겸(申崇謙), 홍유(洪儒), 복지겸(卜智謙), 배현경(裵玄慶) 등 네 명의 부장은 백성의 신망을 얻고 있는 왕건(王建)을 찾아가 궁예를 몰아낼 것을 권한다. 그리하여 마침내 궁예는 부하들에 의해 쫓겨나고, 왕건이 왕위에 추대된다. 궁예는 이들에게 쫓겨 삼악산 흥국사에서 잠시 머물렀다가 평강(平康)으로 갔는데, 그곳에서 성난 백성들에게 살해되고 만다. 궁예가 몸을 숨긴 삼악산은 예나 지금이나 경관이 좋고 은신처로서의 가치가 있다고 하겠다.

■ 여정

경춘선 춘천행 열차를 타고 강촌역에서 하차하거나, 서울 상봉터미널에서 수시로 배차되는 직행버스를 타고 가평에서 내려 시내버스를 타면, 이곳 삼악산에 올 수 있다. 기차를 타고 오는 것도 좋지만, 상쾌한 경춘가도를 달리는 것도 괜찮다. 삼악산 남쪽 기슭의 의암댐에서부터 강촌 유원지까지 일대는 그야말로 절경이다. 의암댐의 강을 가로지른 다리, 그리고 산장 물가에 드리워진 기봉(奇峰), 그 속에 굉음을 내며 쏟아지는 물보라. 정말 직접 보지 않고는 느낄 수 없는 감동이다. 이런 마음을 진정시킬 새도 없이 이곳에서 1.5km쯤 산으로 접근하면 다시 쏟아지는 등선폭포(登仙瀑布)가 나타난다.

그림 같은 조교가 걸려있는 대안(對岸)의 절벽 아래 강변의 가도를 걷노라면, 물 속 나라 용궁으로 가고 있는 것만 같다. 이 황홀한 기분을 장난감 같은 강촌역과 철교, 그리고 터미널이 더욱 돋우었다. 위로 기차가 지나가자 '내가 틀림없이 물속을 여행하는구나.' 하는 착각에 빠진다. 저 멀리 광주산맥으로부터 갈라져 북한강변에 솟구친 삼악산으로 가는 여행은 틀림없이 색다른 맛을 안겨줄 것이다.

■ 등산길

삼악산의 등산로는 많다. 등선폭포에서 흥국사를 거쳐 삼악산 정상까지는 4km로, 시간은 1시간 50분 걸린다. 의암댐에서 신흥사 오솔길로 정상에 오르는 거리는 2.5km, 1시간 30분이면 된다. 당림리 배일골에서 석과능선을 타고 흥국사를 거쳐 정상에 오를 수도 있고, 강촌역에서 강촌교를 건너 북단으로 10m 지점에 있는 등산 입구에서 408봉을 지나 급경사 길을 오르는 코스는 등선봉까지 약 1시간이 소요되고, 다시 흥국사를 지나 정상에 오르는 시간은 50분이면 된다.

등선폭포는 가도에서 150m 정도 들어간 으슥한 협곡에 있는데, 풍화작용으로 형성된 석회질 동굴에 떨어지는 10m 정도의 폭포이다.

등선폭포

철계단이 설치되어 있어 조심조심하며 난간을 붙들고 올라가면서 관망할 수 있다. 제 2·3의 폭포를 지나 계속 올라가면 흥국사가 자리 잡고 있다. 흥국사는 능선줄기가 병풍처럼 둘러친 넓은 공터에 단조롭게 자리 잡고 있다. 등선폭포에서 2.5km 위쪽에 있는 이곳은 물줄기가 끊어져 비교적 쓸쓸한 느낌이다.

흥국사는 앞에서 이야기한 궁예가 학정 끝에 왕건에게서 쫓겨났을 때 잠시 몸을 숨겼다는 절이다. 후삼국 말 고려 초에 이 절은 꽤 사세가 컸던 모양이다. 한국전쟁 때 불에 탄 이후 재정난에 빠진 상태에서 가까스로 당우를 지었으므로 초라함을 면하지 못했다고 노스님이 설명해주셨다.

앞뜰에 2m 정도 높이의 작은 석탑이 우리들을 반겼는데 문화재로 지정받지 못했지만 유구한 역사의 흐름을 느끼게 한다. 절 주위에는 숲이 우거지고 큼직한 노송이 늘어서 있어 고즈넉한 분위기다.

■ 정상에서

정상에 오르니 시원한 호수에 둘러싸인 춘천시가지가 선명하게 바라보인다. 춘천은 옛날 예맥의 천년 도읍이 있던 곳이다. 이 도시는 소양강이 지나고 있어 풍수가 아름답기 그지없다. 참 물이 많은 도시다. 오죽하면 호반의 도시라 칭함을 받겠는가.

정상에서 바라본 춘천시가지

춘천의 역사는 옛날 소양강변의 우두(牛頭)라는 큰 마을이 열렸다.
"한나라 무제(武帝)는 팽오(彭吳)를 시켜 우수주(牛首州)와 통역을 하였다. 산속에 평야가 널따랗게 펼쳐졌고, 두 강이 복판으로 흐른다. 토질은 단단하고 기후가 고요하다. 강과 산이 맑고 훤하며 땅이 기름져서 사대부가 여러 대를 살고 있다."
춘천에 대한 「택리지(擇里志)」의 기록이다.
과연 춘천시가지는 아름답다. 운치 가득한 암봉과 절벽을 배경으로 후사와 댐이 조화를 이룬 것이 한 폭의 그림을 보는 것 같다. 멀리 감도는 북한강이 시가지를 에워싸고 있다.
물 가운데 풍성한 숲으로 덮인 섬이 둥둥 떠 있다. 물줄기는 저 멀리 청평유원지를 거쳐 남이섬을 싸고 남한강과 합류하여 서울까지 파란 실뱀처럼 뻗었다.
"강촌에 살고 싶네" 노래가 절로 나온다. 그것은 산울림 되어 되돌아왔다. 소리는 암릉 밑으로 직립한 절벽으로 떨어져 물 위에 둥실둥실 어디론가 떠내려가고 있다.

■ 하산길

정상에서 묘한 정감을 느끼며 동쪽 능선을 타고 내려오니 거대한 숲이 드리운 상원사가 나타난다. 절 바로 뒤에는 절벽이 운치 있게 솟아있고, 앞에는 춘천호가 광활하게 펼쳐져 있다.
상원사의 당우는 본당 외에 칠성각, 십왕전 그리고 요사채 등으로 규모와 사세가 흥국사보다 월등하다. 문화재로 보이는 것은 없지만 멀리 호수와 댐의 조감이 너무 좋아 그런 것이 무슨 상관인가 하며 잊어버렸다.
절에서 나왔다. 상원사 쪽은 암봉이고, 흥국사는 토산이어서 대조적인 흥취를 느끼게 한다. 이곳에서 의암댐 쪽으로 하산하는 길은 군데군데 철책이 설치되어 있을 만큼 험준하다. 늙은 소나무들이 풍치 있게 늘어져 시적인 영감을 불러일으킨다. "기회 있을 때 다시 오리라." 어느새 삼악산 너머 배일골로 넘어간 해는 긴 산그림자를 호수에 담고 있다.

선자령(仙子嶺)
1,157.1m

위치 : 강원도 평창군 대관령면
　　　 강릉시 성산면

■ 가는 길

　대관령은 영동과 영서를 잇는 요로이면서 강릉의 관문이기도 하다. 이곳은 강원도 평창군과 강릉시의 경계를 긋고 있는 태백산맥에서 가장 높은 고령으로, 해발 865m나 된다. 가장 높은 곳에는 휴게소와 고속도로 준공탑이 서 있다. 휴게소 뒤쪽으로 선자령 등 길이 뚫려 있는데, 이것이 곧 등산기점이 된다.

　강릉과 횡계리에는 대관령행 버스가 수시로 있고, 진부도 마찬가지다. 서울에서는 상봉터미널에서 1시간 간격으로 운행되는 버스를 타고 횡계리에서 내려 다시 대관령행 버스를 갈아타면 된다. 선자령 북쪽에 위치하고 있는 보현사 길로 등산을 시작하려면, 강릉에서 2시간마다 운행하는 보광리행 버스를 타야 한다. 그리고 굴산사 터를 보려면, 강릉에서 구정면 학산리행 시내버스를 타고 종점에서 하차하여 동화사무소 서남쪽 다리를 건너 500m 쯤 들어가야 한다. 휴게소는 해발 840m의 위치에 있다. 선자령의 정상이 1,157.1m이니까, 317m만 더 오르면 된다.

　등산로는 완만한 능선으로 편안하게 갈 수 있다. 그래서 약간 지루하기도 하다.

산경표

　휴게소에서 북쪽 대관사로 뻗은 소로를 따라 가서 대관사에 도착했다. 산신각에 샘이 있어서 그 물을 식수로 담아 배낭에 넣었다. 그러자 무거운 배낭에 쏠려 등이 순간적으로 뒤로 기우뚱한다.
　이곳에서 오른쪽 능선으로 올라 북으로 이어진 등마루 길에 올랐다. 한참을 오르다보니 길은 다시 서쪽으로 굽었다. 그곳은 억새풀로 뒤덮인 초원이다. 이 넓고 넓은 초원 위에 너무나도 대단위로 세워진 풍력발전기가 바람을 타고 돌아가고 있어 이국적인 정서를 일으키고 있었다. 그 너머로 울창한 수목이 아련히 보인다. 넓고 장대한 것이 역시 태백산맥의 준령답다. 상승기류가 밀려왔다. 몸은 둥둥 떠올라

높이 올라가는 듯했다. 하늘 위로 강원도의 아리랑이 한 가락 바람결에 휘날려오고 있다.

풍차길

■ 옛날 이 땅에는

이곳에서 동쪽을 바라보니 산임에도 꽤 넓은 들판이 펼쳐져 있다. 아주 오래전 이곳은 예(濊)나라 땅이었다. 한산군 때 임둔(臨屯)이라는 지명을 가지고 있었다. 고구려의 영토가 되었을 때 이름은 하서량(河西良 또는 아슬라阿瑟羅)라고 바뀌었다.

그리고 신라가 이 땅을 차지하면서 선덕여왕은 이곳에 작은 수도(小京)를 설치하려고 했다. 지금도 이곳 산령(山嶺)을 중심으로 고성(古城)이 군데군데 있다. 옥천면의 금학리에 있는 부동고성(府東古城), 강동면 무전리의 장안성, 성산면 금산리의 명주왕성, 보광리의 대공산성 등이 그 당시의 성이다. 이중 대공산성은 1895년 을미의병이 항쟁하던 곳이라고 한다.

옛날 대관령에는 강원도의 박물장사나 달비장사가 넘나들었다. 그들은 모시와 왕골, 그리고 오곡의 농산물과 해산물을 수레에 싣고 이 험령을 넘어 장사를 다녔다 한다.

대공산성 등산로 이정표

■ 정상에서

강원도의 둥근 성격을 닮은 탓인지 정상은 뭉긋한 초원이다. 이 산은 현재 선자령이라 불리지만 고서에는 대관산(大關山)이라고 기록되어 있다. 대관령 때문이 아닌가 한다. 또 어느 책자에는 보현사(普賢寺)의 이름을 딴 건지, 보현산(普賢山)이라고도 했다. 그리고 달덩이 같다는 의미인 만월산(滿月山)이라는 명칭도 있다.

산줄기는 험준하기만 하다. 남쪽으로 바라보면 능경봉(1,123m)이 장엄하게 서서 서쪽으로 팔을 뻗어 고루포산(1,238m)을 끌어안고 있다. 북쪽의 곤신봉(1,127m)은 매봉, 소황병산(1,325m), 노인봉(1,338m)으로 이어져 오대산까지 닿아 있다. 평균 고도 1,200m의 헤아릴 수 없는 수많은 준령이 장군처럼 장렬하게 늘어섰다. 마치 적진으로 진군하는 것처럼……. 더구나 근래에 세워진 수십 기의 풍력발전용 풍차들이 능선 위에 거미줄처럼 줄지어 늘어서 있다. 멀리 있는 것은 작은 바람개비 같고 가까이에 있는 것은 그 크기가 어마어마하여 보는 이로 하여금 압도감을 느끼게 한다. 그 풍차는 1기가 일반 1,000가구가 쓰는 전기를 생산한다는 것이다. 오늘도 그 풍차는 장엄하게 돌아가고 있었다.

풍력발전용 풍차들

■ 하산

정상에서 동쪽의 초막골로 내려가는 길은 두 가닥으로 갈라져 있다. 하나는 860봉으로, 다른 하나는 초막골로 뻗어 있다. 어디로 내려가던 길은 주능선과 동떨어진 비탈길이다. 수림과 잡목들이 울창해서 앞이 잘 보이지 않는다. 그러나 두 길 다 초막교로 내려가 고속도로를 만나게 된다. 도로에는 영동 1교라 표시되어 있다.

우리는 북쪽의 곤신봉을 바라보며 내려가기 시작했다. 중간에서 동쪽으로 빠져 보현사를 볼 참이다. 곤신봉이 빤히 바라보이는 안부에 도착해서 동쪽으로 빠지는 길목으로 들어갔다.

■ 보현사(普賢寺)

- 역사와 문화재

북쪽으로 울창한 숲을 뚫고 500m 쯤 들어서니 산릉 오른쪽 언덕 위에 보현사가 보인다. 앞에는 계곡물이 흐르고 둘레에는 송림과 낙엽수가 꽉 차있다. 160여 년 전에 중건한 것이라는 대웅전과 요사채 그리고 주지실과 종각에는 고색이 어려 있다. 그러나 규모는 작아 사세가 미약해 보인다.

이 절은 신라 말엽 경애왕(景哀王)의 국사 낭원대사(朗園大篩)가 창시했다. 낭원대사는 절을 세우고 지장선원(地藏禪院)을 열어 운수납자(雲水衲子)를 제도했다고 한다. 그는 이곳에서 94세까지 장수하다가 입적한 것으로 기록되어 있다.

대웅보전 앞의 높이 2m 가량의 석탑, 1m 가량의 강아지 모양의 석물은 문화재로서 그 가치가 높이 평가될 만하다. 여기서 100m 쯤 떨어진 곳에는 낭원대사의 오진탑(悟眞塔)이 있다. 이것은 보물 제 191호로 부근의 부도군과 더불어 이 절의 유구한 역사를 말해준다.

연꽃무늬의 태석(台石)에 8각형의 탑신을 얹었는데, 옥개의 조각이 정교하기 그지없다. 원래 이 탑은 대웅전 위의 산록에 있었는데, 이곳으로 옮겼다.

절 앞 낭원대사의 오진탑비(悟眞塔碑)는 보물 제 192호로 고려 태조 때 세워진 것이다. 여기에는 낭원대사의 일대기가 색각되어 있다. 거북이 모양의 기석(基石) 위에 비신(碑身)을 얹고, 머리에는 용무늬가 있다. 그리고 보주(寶珠)가 얹혀 있는데, 조각의 수법이 놀라울 정도로 세련미가 있다. 비의 석질(石質)은 아주 좋아 글자가 마멸된 곳이 한 군데도 없다. 그리고 대웅전에 안치된 불상은 이 절의 큰 사보(寺寶)로 보관되고 있다.

- 창건설화(創健說話) 1

신라시대에 중국의 천축(天竺)에서 문수보살과 보현보살이 강릉의 동남쪽에 있는 남항진(南項津) 해안에 도착했다. 그들은 한송사(寒松寺)라는 절을 짓고 불도에 열중했다. 그러던 어느 날 보현보살은 "한 절에 두 보살은 있을 수 없다. 그러니 내가 활을 쏘아 화살이 떨어지는 곳을 절터로 삼아 떠나겠다." 하고 활을 쏘았다. 화살은 지금의 보현사 자리에 떨어졌다. 그리하여 보현사가 창건되었던 것이다. 한송사는 강릉의 바닷가 남항진에 지금도 남아 있다. 원래는 문수사라 불렸다고 한다. 절의 창건설화는 사기(寺記)나 「삼국유사」, 「동유기(東遊記)」, 「동국여지승람」 등에 기록되어 전해지고 있다.

- 창건설화(創建說話) 2

선자령 부근에는 보현사와 한송사 이외에 굴산사(堀山寺)와 신복사(神伏寺)가 있다. 굴산사는 굴산대사(堀山大師) 범일(梵日)이 신라 문무왕 9년(847)에 당나라에서 돌아와 지은 것이라고 「삼국유사」에 전하고 있다.

범일국사는 성이 김(金)씨로 계림(鷄林)의 관족(冠族)이다. 그는 15세에 중이 되어 20세에 비구계를 받았다. 그는 흥덕왕(興德王) 때 김의종(金義琮)을 따라 당나라에 가서 제안대사에게 6년 동안 수련을 받았다. 그 후 중국을 두루 순례하다가 문성왕(文聖王) 때 귀국하여 굴산사를 세우고 40여 년간 주석으로 머물렀다. 이 절 근처에는 범일국사의 부도탑이 있다. 그리고 이곳에서 50여m 떨어진 학산리의 공동우물에 얽힌 범일국사의 출생설화가「삼국유사」에 전해내려 오고 있다.

어느 날 동리의 한 양가집 규수가 공동우물 석천(石泉)에 물을 길러 왔다. 물이 햇빛을 받아 유난히 반짝거리고 있는 것을 본 처녀는 심한 갈증을 느낀다. 그래서 그녀는 물을 퍼마셨다. 그러자 그날부터 배가 불러오기 시작했다. 규수는 열 네 달 만에 옥동자를 낳았다. 시집가지 않은 처녀의 몸으로 아이를 낳았다는 것은 견딜 수 없는 수치였다. 그리하여 그녀는 남몰래 뒷산 바위 밑에 아기를 버렸다.

그러나 시간이 지날수록 그 어미 된 모정을 참기 어려웠다. 마침내 버린 지 3일 만에 그녀는 아기를 버린 곳으로 다시 찾아갔다. 그런데 아기는 학의 보살핌 속에 살아있는 것이 아닌가! 학은 아기를 감싸고 먹을 것을 물어주고 있었다. 비로소 이 아이가 보통 아이가 아니라는 것을 깨달은 처녀는 아기를 데려다가 키웠다. 이 아이가 바로 굴산사의 창건시주 범일대사다.

범일대사가 이 절에 있는 동안 경문왕(景文王), 헌강왕(憲康王), 정강왕(定康王)은 사신을 보내 불도를 닦는 그를 격려하고 도왔다. 그가 80세까지 장수하다 입적했을 때의 법랍은 60세였다. 사호는 통효(通曉), 탑호는 연휘(延徽)라 한다.

■ 김시습(金時習)의 향수

어느새 보현사 골짜기로 어둠이 먹물처럼 번져오고 있다. 보광리로 쏜살 같이 달려 내려가 여관방에 몸을 눕히니 한 사람의 방랑자가 머릿속에 떠올랐다. 바로 매월당 김시습(金時習)이다. 그의 고향이 이곳이라서 그럴까?

김시습은 13세에 어머니를 잃고 이곳 외조모 댁에서 자랐다. 어릴

때부터 신동이라 불린 그는 학문을 닦으며 과거를 준비하던 중 수양대군이 조카 단종을 밀어내고 왕위에 올랐다는 사실을 듣고 머리를 깎고 중이 되었다. 그리고 전국을 정처 없이 떠도는 방랑생활을 시작했다. 이리저리 떠돌던 그는 이곳 보현사에 들렀다. 그리고 시 한 수를 남겼다.

보현사에 오고부터
마음이 한가하니 지내기도 수월하네
돌솥에다 새 차를 끓여내니
쇠향로에 푸른 이내 피어오르네
나같이 도(道)에서 먼 사람이
속세 떠난 선사를 따라 놀면서
도를 물으니 도란 더욱 어렵구나
마음을 보려면 그 마음 다시 닦아야겠네

설악산(雪嶽山)

1,707.9m

위치 : 강원도 인제군 북면
　　　속초시, 양양군 서면

■ 춤추는 관광열차

　차창 밖으로 너른 들판에 군데군데 마지막 남은 누런 벼들을 콤바인들이 기어다니며 볏짚까지 훑어간다. 하얀 크라프트지 봉지 속에 빨갛게 익어간 능금밭을 지나 누렇고 거무죽죽한 황달이 들기 시작한 억새풀밭, 골짜기의 바위와 숲을 지나자 잘룩한 산허리를 뚫고 지나간 전선의 철탑들은 뒷걸음하며 빙빙 돌아가고 있다. 노랗고 빨간 단풍이 든 산과 맑고 투명하게 흐르는 물은 한 폭의 산수화 같다.
　내가 탄 열차의 객실은 어느 별장의 응접실인양 아늑하다. 관광객들은 챙이 넓은 둥근 모자에 빨간 리본을 단 멋쟁이 여행용 모자를 쓰기도 하고 둥근 등산모 또는 낚시용 운동모자도 쓰고, 다양한 옷차림으로 남녀가 함께 어울려 있다. 뮤직박스의 빠른 멜로디는 생동감을 극대화시킨다. 바쁜 일상에서 해방되어 잃어버렸던 파라다이스를 찾아가는 관광열차일까?
　소주와 맥주, 막걸리를 비롯하여 밀주와 과일주, 그리고 삶은 돼지고기, 튀김닭, 오징어다짐, 멸치볶음, 그밖에 오이무침 등 여러 가지 술안주로 인심도 풍성하게 정다운 이웃들과 유머 속에 술잔은 오고가고 붉어 오는 얼굴에 마음 씀씀이 헤퍼만진다. 시간이 흘러 취기가 오르고 음률이 느릿하게 바뀌면, 남녀노소 가리지 않고 바른 손을 옆 사람의 어깨 위에 살포시 걸치고 나머지 왼손으로 손과 손을 마주잡고 발놀림을 한 발짝씩 움직이며 앞뒤 좌우로 율동을 하면서 사교댄스를 춘다. 흔들리는 열차에 몸을 돌릴 때마다 춤은 우스꽝스러운 모양이 되어, 의자에 앉아 있는 사람들은 배꼽을 잡고 웃어댄다.

열차는 어느새 동해바다를 끼고 기분 좋게 달리고 있다. 섬세한 은빛비늘을 번쩍이며 신비스럽게 번들거리는 너른 바다는 기이한 광망(光芒)으로 번쩍번쩍 화광이 되어 펼쳐진다. 산과 들 그리고 바다를 제 마음껏 달리는 열차는 바닥을 받치고 있는 쇠바퀴의 스프링이 탄력 있게 삐걱대며 덩실덩실 관광객과 일체가 되어 요란한 춤을 추며 달려가고 있다. 또 다른 객실에는 울긋불긋 농악복을 입은 나이 지긋한 노인들이 꽹과리, 징, 북, 장구 등 우리 고유의 농악기를 가지고 신바람나게 두들겨대고 있다.

"덩덩궁따쿵, 덩덩궁따쿵." 열차의 마찰음과 합하여 뒤쪽으로 바쁘게 달아나는 농악가락은 제법 잘 엮였다. 상쇠(꽹과리를 치는 사람)는 이 농악가락에 능숙한 이력이 있는 듯 자주 잔가락을 바꾸어 변주해 가고 있다. 가락을 바꿀 때마다 박자가 틀린 것 같으면서도 반 박자쯤은 고의적으로 느리게 치거나 빠르게 쳐서 살짝살짝 꿰어 맞추어대는 아기자기한 멋을 부려대곤 한다. 일채굿, 이채굿, 삼채굿, 육채, 칠채굿, 덩덩이굿 그리고 자진삼채굿을 차례로 엮어가다가 자진길군악칠채로 살포시 가락을 바꾸어간다. 자진길군악칠채를 칠 때는 상쇠는 정상적으로 첫 장단을 세게 치고 그 다음 장단을 여리게 자지러질 듯하게 하여 듣는 이들의 애간장을 녹인다.

열차는 다시 태백준령의 터널을 빠져나가 아스라한 천길 벼랑 위를 달리고, 노을에 물들어가는 석류빛 산봉우리를 감돌아 나간다. 그리고 마치 활화산이 용암을 분출시킨 듯한 자갈내를 건너기도 한다. 열차도 신이 난듯 온갖 굉음과 탄성을 지르며 흔들어대고 땅덩어리가 깨어져라 춤을 추며 굴러가고 있다. 그 춤은 찬란한 가을 햇살이 황혼이 되어 설악의 품속에 묻힌 종착역 강릉역에 닿을 때까지 계속되었다.

■ **불타는 화채능(華彩綾)**

설악동에 여장을 풀어놓고 보니 설악산의 화채능은 불타고 있다. 늦가을의 단풍이 만산홍엽(滿山紅葉)의 비경을 뽐낼 때 산에는 오색찬란한 색의 축제가 열리고 매혹적인 자태를 뽐낸다. 능선마다 계곡마다 진황진홍(眞黃眞紅)으로 물결치는 정열적인 색채는 그 누구의 입가에서도 탄성이 나오게 하며 선경(仙境)의 아름다움으로 빠져들게 한다. 거대한 바다의 포말처럼 파도쳐 흐르는 단풍은 끝없이 펼쳐져 천계에까지 메아리가 자지러지게 흐트러진다. 그것이 우리의 온몸에 휩싸여오는 것 같아 전율을 느끼게 한다.

만산홍엽의 비경

일찍이 조물주가 백두산을 험하고 깊게 만든 것을 후회하고 기교를 다하여 만든 것이 금강산이라고 한다. 금강산은 봉우리가 1만 2천봉이다. 그 봉우리마다 기암절벽이니 조물주의 재주를 다 쏟아 부었을 듯싶다.

기암괴석들이 수목과 어우러져 있다

　그러나 조물주는 금강산을 만든 후 또 다시 후회했다고 한다. 너무 기교가 지나쳤다는 것이다. 그 후 이런 후회 끝에 만든 것이 설악산이다. 설악산은 백두산처럼 험하거나 너무 높지도 웅장하지도 않다. 그리고 금강산처럼 기교를 많이 부리지도 않았다. 다만 설악산은 적당한 선을 지키는 묘미가 있다. 그래서 그야말로 예술적인 산이다.
　해마다 가을이면 다양한 색깔의 단풍이 불에 타는 듯하다. 화채능뿐만 아니라 온 설악 전체가 불에 탄다. 이것이 끝나면 눈이 오기 시작한다. 또 하나의 예술이 만들어 진다. 설악(雪嶽)이라는 이름이 부끄럽지 않을만큼.

■ 천불동 계곡을 따라

정상인 대청봉(1,708m)으로 향하는 길은 설악동에서 천불동계곡을 따라가는 외설악 코스와 백담산장에서 백담계곡과 수렴동·구곡담계곡을 거쳐 오르는 내설악 코스, 그리고 남설악인 오색약수에서 곧바로 정상을 향해 오르는 최단 코스가 있다. 행정상으로, 구분하여 보면 대청봉을 중심으로 남북으로 뻗어내린 주산맥을 경계로 동쪽의 속초·양양을 외설악, 설악의 인제를 내설악이라고 하고 한계령 이남을 남설악이라고 부른다. 설악동 버스종점에서 소공원 매표소를 지나면 왼쪽으로 권금성산장으로 오르는 케이블카 정류장과 카페가 있고, 오른쪽으로는 신흥사를 거쳐 흔들바위와 계조암에 이르는 일주문이 있다. 여기서부터 비선대까지는 2.5km, 길이 쭉쭉 뻗은 수림 속으로 나 있어 공기가 상쾌하기 그지없다. 한참을 가다보니 와선대와 식당, 상점들이 나타난다.

힘찬폭포가 긴 여행을

상가에서 철계단을 올라 다리를 2개 건너면 비선장이 있고 비선교가 나타난다. 비선교를 건너 등산통제소를 지나 조금 가다보니 오른쪽으로 마등령으로 가는 길이 있다. 이 길은 세존봉을 거쳐 금강문을 지나가게 된다. 왼쪽은 양폭산장·희운각·소청봉·중청봉을 거쳐 대청봉으로 가는 길로, 이곳에서 8.7km이며 시간은 6시간 30분이 걸린다고 표지판이 알려주었다. 경치가 너무 좋아 사진을 찍으려 하는데 어느 한 군데도 빼어놓을 수가 없으니 망설이게 된다.

　힘차게 용출한 암봉은 한없이 깊은 계곡의 맑은 물에 드리워지고 우거진 숲은 웅혼(雄渾)하고 장엄하다. 여기저기 기암괴석과 절벽에 뿌리내린 단풍나무와 소나무가 소담스럽다.

　바위에 부딪치는 우렁찬 폭포수는 흰 비늘을 퉁기며 빨려 들어갈 듯한 깊은 심연으로 흐른다. 감탄사를 연발하며 쇠다리를 건너고 바위길을 오르고 하여 괴면암(魁面岩)고개에 올랐다.

　오른쪽 암벽에는 「이곳을 지나는 길손이여! 84년 8월 21일 홀리 태풍의 노우(怒雨) 속에서 등산객의 안전하산을 유도하다, 52세의 나이를 급류에 흘러 보낸 고 유만석(故 柳萬錫)의 외로운 넋이 머무른 곳이오니 뜻있는 자 발길을 멈춰 명복을 빌자. 1984년 9월 17일 적십자 설악산구조대 설악안내원 일동」이라고 각인되어 있다. 머리 숙여 묵념하며 고결한 넋을 기렸다.

　이곳에서 병풍쇠다리를 건너 잔도(棧道) 같은 철제 등산로로 이어지는 계곡을 타고 올라가면 공룡능선에서 내려온 지류에 다리가 있다. 그 왼쪽으로 오련폭포가 그 웅장함을 자랑하고, 거기서 조금 오르면 커다란 암봉을 배경으로 그림 같은 산장이 있어 휴식하기엔 안성맞춤이다.

　정면에는 천당폭포가 힘차게 흐르고, 오른쪽의 하류엔 V형의 협곡이 길게 내려다보인다. 매점에서 컵라면으로 늦은 아침식사를 하고 다시 험한 급경사길을 오른다.

천불동계곡이 끝나고 표고 760m의 무너미계곡에 오르게 되면 쇠다리조차 없다. 험한 자갈길을 숨가쁘게 넘어 희운각을 바라보았다. 여기서부터 길은 두 갈래다. 하나는 곧바로 정상에 오르는 길인데 거리는 가깝지만 바위와 돌, 나무뿌리 등으로 길이 험해 조난 사고가 많다. 그래서 계곡을 가로질러 소청봉을 거쳐 중청봉에 올라 대청봉으로 가는 길로 올랐다.

공룡능선과 화채능선이 우람하게 점점 그 모습을 드러내고 마등령과 황철봉(1,381m) 그리고 저 멀리 울산바위와 동해바다가 한눈에 조망된다. 드디어 드높은 곳에 올라섰다는 감동이 온몸에 퍼져온다.

설악산 금강굴 입구

■ 공룡능선의 신비

 소청봉에서 바라보는 공룡능선은 꼭 하늘에 떠있는 신비의 나라처럼 느껴진다. 점선으로 수놓인 기암절벽의 봉우리는 분망하게 흐르는 기류의 변화에도 불구하고 우측으로 공룡능선과 화채능선, 좌측으로 용아장성능선이 선명하게 윤곽이 드러난다. 그러다가 갑자기 구름에 휩싸이기도 하는데 그렇게 되면 봉우리는 몸체로부터 분리된 채 하늘에 떠있는 것 같다. 그것은 구름바다 속에 파묻혀 버린다. 마치 천계(天界)와 지계(地界) 사이의 숨바꼭질 같다. 웅장하고 심오한 산의 선율은 리듬있게 율동되어 퍼진다. 이 느낌은 위대한 사상과 철학을 능히 태동시킬 수 있을 듯 감격스럽다. 설악산은 정말 하나의 철저한 예술이 아닐 수 없다.

설악산 공룡능선

■ 오세암(五歲庵)의 전설

저 멀리 백담사에서 시작한 수렴동계곡은 용아장성능선으로 올라오다가 살며시 옆으로 빠져 구곡담계곡을 거쳐 소청봉에 이른다. 만경대와 나한봉 사이의 첩첩산중에는 오세암이라는 절이 있다. 오세암은 선덕여왕 12년(643)에 자장율사(慈裝律師)에 의해 창건되어 처음에는 관음암(觀音庵)이라고 했다. 그러던 것을 조선조 명종 3년(1548) 허응보우(虛應普雨)선사, 인조 21년(1643)에 설정조사가 중건하며 오세암이라고 개명한 것인데 그 이름을 고치게 된 사연이 있다.

설정조사(雪淨祖師)는 고아가 된 조카와 같이 이곳에서 수도하고 있었다. 그러던 중 어느 날 조사는 월동준비차 양양의 물치장터를 다녀와야 했다. 그러나 3일 동안 겨우 다섯 살밖에 안된 조카를 두고 가려니 큰 걱정이었다. 어쩔 수 없이 조사는 조카가 며칠 먹을 밥을 지어 놓고,

"아가 이 밥을 먹고(법당 안의 관세음보살상을 가리키며) 저 어머니께 '관세음보살 관세음보살' 하고 일심으로 염해라. 그러면 무서움이 없어질 것이다."라고 하였다. 그리고 그는 새벽에 길을 떠났다. 양양에서 이것저것 사서 신흥사까지 왔다. 그런데 밤새 폭설이 키를 넘도록 내려 도저히 암자까지 갈 수가 없었다. 그리하여 설정조사는 더 이상 가지 못했고, 이듬해 3월 눈이 녹아 겨우 돌아갈 수 있었다. 홀로 두고 온 조카를 생각하며 설정조사는 걱정이 태산 같았다. 돌아와 보니 이게 어찌된 일인가! 조카가 관세음보살 젖을 먹고 살아 있었다.

설정조사는 감동과 조카의 처지에 대한 서글픔을 잊지 못하고 암자 이름을 오세암(五歲庵)이라고 했다는 것이다. 이 기적 같은 이야기는 그만큼 설정조사가 성불(成佛)을 이루었다는 증거가 아닐까 한다.

또한 이 암자에는 많은 위인들의 발걸음이 있었다. 매월당(梅月堂) 김시습(金時習)과 만해(萬海) 한용운(韓龍雲)은 이곳에서 오래 있었다고

하는데, 과연 그들은 이곳에서 무엇을 생각했는지 알고 싶다. 만해 한용운은 〈님의 침묵〉이라는 시집으로 유명하다. 팔만대장경을 전부 섭렵한 바탕 위에 불교의 심오한 철리(哲理)의 신앙을 시로 승화시켰는데 혹시 이 오세암에서 구상한 것은 아닐까?

■ 영시암 터에 얽힌 사연

백담사에서 이곳 중청봉으로 올라오는 코스에는 영시암 터가 남아 있다. 이 암자에 얽힌 사연은 우리 역사의 슬픈 증거이다.

조선조의 당쟁은 때로는 나라의 위기를 가져오기도 했다. 많은 선비들이 사화(士禍)의 소용돌이 속에서 죽어갔고, 화를 피하기 위해 첩첩산중으로 피했다.

숙종 16년(1689)에 있었던 기사환국(己巳換局)은 왕비 인현왕후 민씨가 폐출되고 장희빈이 중전으로 승격되면서 정권이 노론에서 남인으로 넘어가는 엄청난 사건이다. 숙종의 비 민씨는 아기를 낳지 못해 늘 근심과 걱정으로 나날을 보냈다. 그런데 임금의 총애를 받은 후궁 장희빈은 아들을 낳았고, 그 아이가 원자(原子)로 책봉되었다. 장희빈을 사랑하던 숙종은 그녀를 왕비로 승격시킬 생각을 하게 되었다. 이것을 당시 권력을 잡고 있던 노론이 반대하였고, 그래서 숙종은 이들을 숙청하고 남인을 등용했다. 희빈이 낳은 아이의 세자 책봉문제가 나오자 노론의 총수 송시열은, "임금의 보령 이제 겨우 29세시고 중전은 23세로 아직 젊으신데, 후궁의 아들로 세자를 책봉한다는 것은 시기상조다."라고 극구 반대했다. 숙종은 송시열의 말을 묵살하고 그에게 사약을 내렸으며 정권을 남인에게 넘긴 것이다.

숙청된 노론 중 김수항(金壽恒)이 있었다. 그의 아들 김창흡은 어지러운 속세와 인연을 끊고 수도를 하겠다고 암자를 하나 지었는데 그것이 바로 영시암이다. 그런데 이 암자를 세운지 6년이 지난 어느 날,

그의 하녀가 호랑이한테 물려죽고 만다. 이후 김창흡은 암자를 떠나 어디론가 떠났다고 한다. 혼란한 시대의 뒷면에 존재하는 슬픈 사연이다.

■ 아! 대청봉(大靑峰)이여

드디어 악전고투 끝에 대청봉에 도달했다. 아침 5시 반에 출발하여 12시에 도착한 것이다. 장장 6시간 반 동안 올라온 셈이다. 시간이야 어찌되었건 설악동에서 바라보는 설악산은 단풍이 만연한 가을이었는데, 정상은 강한 바람 속에 눈발이 휘날리는 겨울이다. 군데군데 세찬 바람에 휘말려 하얗게 죽어간 나무의 형체와 낙엽을 발아래에 깐 앙상한 나뭇가지에 몰아치는 바람소리만이 윙윙거렸다. 거대하게 조망되는 동해와 속초시 그리고 양양과 인제 지역은 막연한 슬픈 전설 속의 이국지다. 만약 이곳에서 이대로 내가 숨을 거두면 어떻게 될까 하는 생각이 든다. 내 육신은 수천 년 동안 영생불멸의 진리를 얻을 것이다. 넓고 아름답고 성스러운 마음과 고상함 속에서 값진 이치를 깨우쳐 마치 살아있는 사람처럼 형상을 그대로 유지한 채 누워있을 것이다. 저 유명한 석가모니의 설산의 대각(大覺)처럼 인자한 얼굴과 예수 그리스도의 사랑이 어린 표정으로 아무런 고통 없고 오직 인(仁)과 의(義)와 예(禮), 덕(德)의 슬기로운 지혜를 담은 채 육신은 맑고 굳은 얼음이 되어 빙화(氷化)되지 않을까. 차가운 온도에서 육신은 점차로 얼고 숨결이 잠들 듯 멎으면 눈은 그 위에 쌓이고 쌓여 또 하나의 찬란한 설악봉을 만들 것이다. 영혼은 설악에 환생되어 억겁의 세월을 누리리라. 산신이 되어 향수(享受)하리라. 깊은 골짜기와 싸리버섯처럼 찬란하게 솟은 기암괴석은 장엄한 조화를 이루고 있다. 그들은 숭고한 스승으로 우리의 심신을 순화시켜간다. 지상으로부터 1,700m나 높은 봉우리 위에서 내 가냘픈 육신은 움직일 수 없는 거대한 신령 앞에 머리 숙여 외친다. 아! 대청봉(大靑峰)이여……

■ 오색약수의 밤

　수많은 산맥이 겹겹이 쌓여 마치 파도처럼 출렁이는 듯한 대청봉 정상을 뒤로 하고 오색약수(五色藥水)쪽으로 내려가는 마음은 한없이 아쉽다. 기회만 있으면 또 오겠노라는 희망을 안고 발길을 재촉하였다. 이 코스는 4시간 30분 가량 소요되는데 경사가 가파르고 험하며 특별한 경관이 없어 허탈한 권태가 오기도 한다. 그러나 남은 기력을 다하여 오색약수에 도달하는 순간 우리는 또 하나의 청정한 자연을 발견하게 된다. 이곳에는 오직 여기서만 느낄 수 있는 평온과 고요가 있다. 오색약수터는 양양에서 서쪽 한계령을 향하여 20km 정도 떨어져 끝청봉으로부터 시작한 서북능(西北稜)의 아름다운 골짜기에 있는 아담한 한 마을에 있다. 위치상으로는 남설악에 있다. 약수터로 전국에 소문난 이 마을은 먼 옛날 양양부의 역이 설치되었던 곳이다. 넓은 암벽에서 용출하는 물은 그 맛이 다섯 가지로 난다고 해서 오색약수라고 했다고 하기도 하고, 이곳에서 2km 정도 뒤쪽 골짜기에 있는 오색석사(五色石寺)의 한 나무에 핀 다섯 가지 색깔의 오색꽃으로 인해 이름이 오색약수라는 말도 있다. 그러나 이것보다는 불가(佛家)에서 즐겨 사용하는 청색, 황색, 백색, 적색 그리고 흑색의 오색(五色)을 따서 이름을 지은 것이 아닌가 한다. 이곳에서 얼마 떨어지지 않은 곳에 경치가 그야말로 장관인 선녀탕(仙女湯)이 있다. 한계령으로 이어지는 만경대(萬景臺), 영좌암(靈座岩), 그리고 만물상(萬物像)이 절승을 이룬다. 단풍은 설악산 절경 중 빼놓을 수 없는 것이다. 위장병과 속앓이병에 좋다는 오색온천수에 목욕을 하고 나니 피로는 어느새 흔적도 없이 사라진다.
　태양은 장엄한 산 속으로 넘어가고 어둠 속의 산 그림자가 은은한

실루엣이 되어 그리움처럼 차오른다. 밤하늘의 별들은 총총이 떠있다. 성좌(星座)가 어찌나 황홀하고 장관인지 마음이 벅차오른다. 그 누가 천체의 호화로움을 알고 있을까! 비취빛으로 찬란하게 빛나는 사파이어 같기도 하고 맑은 물에 뜬 소담스러운 돌 같기도 하다.

투명한 소(沼)의 절경

영원히 잊을 수 없는 이 순간, 오색 밤하늘의 호사! 이것은 설악산 그 자체만의 장관이 아닌, 설악산을 중심으로 짜여진 우주의 질서에 대한 신비다. 우리의 감격은 신이 배려한 섭리다. 신은 그 자신뿐만 아니라 우리들까지도 이 자연을 즐기고 감동받을 수 있도록 만들었다. 따라서 오색의 밤이야말로 천국의 파티처럼 느껴진다. 일생 동안 몇 번이나 이 찬란한 밤을 맞이할 수 있겠는가!

자동차의 뒤편으로 자꾸만 멀어져가는 오색빛. 지극히 사랑하던 사람과 이별하는 순간처럼 아쉬움이 가슴 가득히 담겨졌다. 설악이여, 안녕히……

소금산(小金山)·간현봉(艮峴峰)
343m 386m

위치 : 강원도 원주시 지정면 간현리

■ **섬강(蟾江)**

잔잔한 섬강물결 흘러흘러 어디로 가나
진달래 피고 뻐꾹새 울면 다시 오마 약속한 님
어이해 안 오시나 이내 가슴 멍이 들어요
아아 오늘도 보고파서 애태우는 섬강아가씨

잔잔한 물결따라 떠나가는 나룻배 하나
복사꽃 피고 소쩍새 울면 돌아오마 약속한 님
어이해 안 오시나 이내 가슴 멍이 들어요
아아 오늘도 보고파서 애태우는 섬강아가씨
어이해 안 오시나 이내 가슴 멍이 들어요
아아 오늘도 보고파서 애태우는 섬강아가씨
섬강아가씨

이 노래는 가수 나영진의 6집 앨범 가운데 섬강아가씨이다.
  섬강은 강원도 횡성군 둔내면과 평창군 봉평면의 경계에 솟아있는 태기산(泰岐山, 1,258.8m)에서 발원하여 서쪽으로 흘러갔다가 원주시를 지나 남서쪽으로 곡류(曲流)하여 경기도와 강원도가 접하는 지점에서 남한강과 합류하는 길이 73.02km, 유역 면적 1,303km²이다. 비교적 비가 많이 오는 지역에 있으므로 수량이 많은 편이다.

이 강은 심한 굴곡으로 인하여 협곡에는 명승지가 많은데 특히 원주시 간현(艮峴)에는 섬강의 수려함이 조화를 이루어 절경의 극치를 이루고 있었다.

특히 이 소금산과 간현봉은 섬강이 감입곡류(嵌入曲流)하여 협곡의 경승지를 연출하고 있는 간현국민관광지를 사이에 두고 마주보고 있었는데 섬강과 어우러져 산수(山水)가 아름다웠다.

옛 시인 '송강 정철'도 이 섬강을 노래하기를 "한수(漢水)를 돌아드니 섬강이 어드메뇨? 치악이 여기로다." 하였듯이 금강산을 비유해 소금강이란 이름을 가진 곳이 우리나라에 여러 군데 있지만 이 소금산은 오직 간현에만 있었다.

간현의 섬강이 아름다워 "꼭 머물게 되는 고개"라는 간현(艮峴)으로 이름 지었는지 소금산과 간현봉의 풍수가 아름다워 간현이라 이름 지었는지는 모르겠으나 섬강은 소금산과 간현봉을 휘어 감고 굽이굽이 돌아가고 있었다.

혹은 넓어졌다 좁아졌다 하며 섬강아가씨 노래를 부르듯 그 물살은 고음과 저음을 내기도 하고 질주도 하다가 느리게도 흐르며 몇 개의 교량 밑을 통과하고 철교 밑을 지나며 바위에 부딪쳐 물보라도 튕기며 자갈밭에 눕기도 하고 길도 가로질러 넘어가기도 하며 사람들이 천렵을 하거나 낚시로 물고기를 건져내도 나 몰라라 눈에 띌까 햇살을 반사하며 섬강물은 그렇게 어디론가 흘러가고만 있었다.

■ **여정(旅程)**

영동고속도로와 중앙선 철로는 이곳 간현으로 가는 대중교통길이다. 자동차로 서울에서 갈 때는 영동고속도로 문막 IC에서 빠져나가 원주 쪽으로 가다가 문막 아파트단지를 지난다. 한 20분쯤 가다 보면 자동차는 간현 오크밸리를 지나게 되고 이정표는 간현국민관광지를 가리키고 있어 비교적 찾기가 쉬운 편이었다.

물론 강릉 쪽에서 이곳으로 간다면 원주 IC에서 빠져나와 문막 방면으로 이동하다가 만종을 지나서 오른쪽으로 자리 잡고 있는 간현 오크밸리 방면으로 우회전하기까지 약 20분 정도 소요될 것이다.

열차를 이용한다면 중앙선을 이용하여야 한다. 청량리역에서 무궁화열차가 하루 7회 왕복 운행되고 있다. 물론 간현역에서 정차하는 열차는 이중 3회로 확인하고 승차하여야 한다.

청량리역에서 간현역까지 1시간 40분이 소요되나 기차여행은 언제나 낭만적인 멋이 있다. 간현역은 대학생들의 MT장소로 각광받고 있다. 해 뜨는 동쪽으로 강변을 따라 달리는 기차여행은 잊을 수 없는 젊은 날의 추억일 것이다. 병풍 같은 절벽과 굽이굽이 돌아가는 섬강의 풍치는 '송강 정철'이 관동별곡에서 그 절경을 예찬하였듯이 잠시나마 시적(詩的)인생이 되어보는 여정이 될 것이다.

■ 간현역(艮峴驛)

주차장은 국민관광지답게 꽤 넓었다. 이 주차장은 간현역에서 얼마 되지 않은 거리에 있었다. 간현역은 옛날에 보던 초라한 간이역이 아니었다. 빨간 벽돌집에 파란 기와지붕으로 건축미를 살려낸 아담한 역사가 보기 좋았다.

광장에는 느티나무가 서 있어 관광객들을 그늘로 불러들이고 있었다. 명승지의 역으로서 한몫을 제대로 하고 있는 듯 했다.

원주시에서 간현관광지 육성차원에서 단장해 주었다는 것이다. 그러나 전형적인 이 관광지 간이역도 머지않은 날 이설이 되지 않으면 아니 될 운명이라 안타까웠다.

2012년 이후에는 덕소역에서 원주간 중앙선복선전철화공사가 완공되면 서원주역으로 이설되고 이 간현역은 폐지될 계획이 있기 때문이었다.

MT온 수많은 젊은 학생들과 관광객들의 추억이 서렸던 곳이기에 정말 잃고 싶지 않은 서러움이 있었다. 차라리 지방자치 단체에서 관광지로 개발해 섬강과 어우러진 이 골짜기의 철교와 터널과 역사를 그대로 남겨두어 관광열차를 운행한다면 낭만과 추억은 사라지지 않을 것이다.

■ 간현국민관광지

주차장부터 시작되는 간현국민관광단지는 남한강 지류를 타고 거슬러 올라가는 섬강 계곡을 끼고 그림같이 전개되는 아름다운 곳이었다.

이 아름다운 곳은 두 군데로 나뉘어 있었다. 한 곳은 주차장에서 섬강을 건너기 전에 왼쪽으로 인조 잔디를 깔아놓은 축구와 농구 경기장이 만들어져 있고, 오른쪽으로는 섬강의 강줄기를 따라 중간 중간에 작은 수변누각들이 상점마다 설치되어 이곳에서 잡히는 물고기로 만든 매운탕 등의 특이한 음식을 먹으며 눈부신 산수를 감상할 수 있도록 만들어져 있었다.

그곳에서는 물가에까지 내려갈 수 있도록 계단도 만들어져 있어 계단을 밟고 내려가면 작고 아기자기한 정원과 수생식물, 야생화원, 그리고 분수를 볼 수 있고, 금빛 모래 위를 산책할 수 있어 그 묘미를 만끽할 수 있도록 해 놓았다.

그렇게 강줄기 따라 천천히 즐기며 걷노라면 어느새 철길과 간현교가 평행선을 그리며 놓여 있는 다리를 건너게 된다. 그 간현교 끝에서는 또 하나의 다리가 이어져 있었는데 그 다리는 삼천교다. 드디어 삼천교를 건너면 그곳에 또 다른 하나의 관광지가 나타난다.

그 관광지는 소금산 자락에 둘러싸인 삼산천으로 양쪽에는 기암괴석이 병풍처럼 둘러쳐져 수면 위에 드리우고 울창한 소금산의 수림은 맑은 강물과 하얀 백사장과 어우러져 한 폭의 동양화를 연상케 하고 있었다.

이곳 말고도 지정대교를 다시 건너면 강변안쪽으로 법흥리, 안창리 쪽에 민박과 매운탕집들이 시냇물 따라 들어서 있어 여름의 피서지로서 더없는 관광 붐을 일으키고 있는 곳이었다.

■ 소금산 등산길

삼산교를 건너 우측으로 진열된 상가를 지나 맨 끝에 있는 간현식당을 지나면 오른쪽으로 허름한 등산안내판과 함께 등산로가 시작되고 있었다. 처음부터 시작된 경사길은 팀원들을 당황케 하였다.

솔개미 둥지터를 지나 보리고개 밭두렁을 지나니 바위오름길이 나왔다. 등산을 시작한 지 15분밖에 안되었는데도 바람 한 점 없는 한여름 날은 땀을 비오듯 쏟아져 흘러내리게 하고 땀방울을 주체할 길 없게 하고 있었다.

설상가상으로 그곳부터는 급경사길이라 통나무 계단길이었다. 그러나 "소금산이라 산에서 소금이 나오는 줄 알았는데 처음부터 경사길이라 얼굴에서 소금이 나오네." 하며 농담으로 지껄여대는 흥미로운 등산길이 되기도 하였다.

더구나 이 산 밑으로는 간현 기차터널이 뚫려 있어 열차가 지나갈 때마다 우르릉 우르릉 산이 울리고 있어 수풀이 우거진 원시적 산속에서 도심속 소음을 듣는 듯하여 흥미는 더욱 돋워지고 올라갈수록 펼쳐지는 굽이굽이 굽이치는 섬강의 풍경이 너무 멋져 더위는 절로 잊혀져간다.

1시간 정도 걸려 체육시설이 되어 있는 정상에 올라왔다. 정상 표시석에는 "소금산 343m"라고 표기되어 있었다. 그 밑에 휴식을 하거나 점심식사를 할 수 있도록 긴 식탁처럼 꾸며놓은 휴식공간이 일품이었다. 그곳부터 시작되는 하산길에서 철탑이 세워져 있는 330봉 쉼터까지는 산책로처럼 별 문제점은 없었으나 330봉을 지나면서부터 직각으로 암벽에 붙은 404 철계단은 간장을 서늘하게 하였다.

급 경사의 철계단

한 발 한 발 조심하지 않으면 암벽으로만 이루어진 수십 길 절벽 위에 떨어져 육신은 산산조각 나 한 조각의 시신도 찾을 길 없을 것 같았다. 그러나 그 밑의 섬강과 삼산천 계곡이 굽이치는 풍경이 한눈에 들어와 서늘하게 굳어진 간장은 어느새 하늘하늘 풀리고 만다. 굽이굽이 산자락을 타고 돌아간 섬강이 너무 좋고 간현봉과 소금산의 푸른 봉이 삼산천 명경지수에 잠겨 있어 그 아름다운 풍경은 도취된 심신을 금세 녹여내고 말았기 때문이었다. 그 기분으로 직각으로 암벽에 세워진 철계단 5개 404 계단을 1시간 만에 다 내려와 땀으로 흠뻑 젖은 등산복을 훨훨 벗어 백사장에 내동댕이치고 벌거벗은 알몸으로 섬강의 푸른 물에 "첨벙첨벙" 빠져들어 수영하기 시작하였다. 그 위에 놓여 있는 원재터널을 빠져나온 무궁화열차가 철교를 달리며 "빠앙~" 하며 기적을 울리고 있었다. 달리는 기관차에서 내려다보고 있는 기관사도 수영하고 있는 팀원들의 모습이 시원해 보인 모양이었다. 객실에서 바라보고 있는 여객들은 더욱 시원해 보였으리라.

■ 간현봉(艮峴峰)

애당초 계획은 소금산과 간현봉을 연계하여 종주하는 것이었으나 원거리 여행으로 귀가길이 바빠서 간현봉을 못 오르고 오는 것이 무척이나 아쉬웠다. 간현봉은 간현국민관광지를 사이에 두고 양쪽으로 소금산과 나란히 나뉘어져 있었다. 우리팀들이 막 건너고 있는 지정교를 등산기점으로 "ㄷ"자를 이루고 있다는 등산길! 눈을 돌려가며 훑어만 보고 발길을 돌린다.

저 산속은 사람들이 많이 가지 아니하여 숲이 잘 보전된 곳이란다. 여러 가지 나무들이 있고 많은 야생화들이 노래하고 있단다.

바람과 구름이 흐르고, 물소리와 새소리가 반주하는 곳, 그리고 두몽폭포는 오늘도 그 옛날 설화가 맺혀있는 곳이란다. "그 옛날에 이 폭포수에 빠진 어린아이가 나는 천마(天馬)가 되어 하늘로 올라갔다."는 것이다. 한없이 맑고 시원한 물줄기와 청명한 계곡이 있는 곳! 촉촉하고 풋풋하며 울창한 숲속에 자연과 인간이 조화를 이루어보고 싶은 곳! 능선에는 노송들이 암릉에 뿌리를 박고 수십 길 되는 절벽에 매달려 흐르는 강물과 아름다운 조화를 이루는 곳! 팀원들은 간현봉에 대한 여러 가지 이야기들을 못 봐 안타까운 심정으로 이야기하며 버스가 기다리고 있는 주차장을 향하여 부지런히 걸어가고 있었다. 다시 강가에서는 강내음이 밀려오고 있었다.

■ 중앙선(中央線)

　버스를 타고 영동고속도로에 접어드니 경치 좋은 남한강 줄기를 따라 중앙선 철로와 평행을 이루며 달리는 곳이 많았다. 중앙선은 서울에서 청량리역을 기점으로 경주시 금창역까지 이어지고 있는 철도로 길이 386.6km이며 1942년 4월 1일에 전 구간이 개통된 66년의 역사를 자랑하는 철도다.
　경부선에 이어 우리나라 제2의 종관 철도로 이 철도 일대의 광산과 농산물 및 임산을 개발할 목적으로 부설되어 영서(嶺西) 내륙지방 개발과 발전에 크게 이바지하고 있는 철도다. 이 선로는 주요도시인 양평, 원주, 제천, 영주 그리고 안동을 지나 영천에서 대구선과 연결되어 경주까지 이르는 간선철도인 것이다.
　특히 제천에서는 경북선과 영동선이 교차되고 경부선과 직접 연결되기도 한다. 청량리 팔당간에는 수도권 복선전철이 지난 2007년 12월에 개통되어 수송력이 더 많이 증가되었다.
　서울에서 해 뜨는 동쪽을 향하는 중앙선 열차를 타면 청량리역부터는 많은 구간이 강변을 따라 달리고 있어 경치가 좋다. 그러나 그 강변도 양평을 지나면 남한강과 작별을 하고 용문을 지나면서 열차는 점점 산속으로 파고들어 차령산맥을 넘기 위하여 치악산의 금대(金垈) 터널도 통과하고 소백산맥을 넘기 위하여 죽령(竹嶺) 터널도 지난다. 이 중앙선은 동쪽으로 동쪽으로 백두대간을 넘기 위하여 긴 여정이 계속되는 낭만과 추억을 싣고 달리는 철도로 누구나 중앙선 열차를 타고 싶어 하고 타본 사람은 또 타고 싶어 한다. 이렇게 귀가길 버스에서는 중앙선이야기로 그칠 줄 모르고 있었다. 어느새 우리들이 탄 버스는 이야기 속의 중앙선과도 이별하고 영동고속도로를 빠져나오고 있었다.

오대산(五臺山)

1,563.4m

위치 : 강원도 평창군 진부면
　　　 홍천군 내면
　　　 명주군 연곡면

■ 드라이브 코스

　영동고속도로변에 있는 오대산 국립공원 가는 도로는 잘 다듬어져 있다. 대중교통편을 조사해보니 이곳은 찾아오기에 꽤 수월했다. 강원도 진부에서 하차하면 오대산 상원사 입구까지 시내버스를 타고 올 수 있다. 열차를 타고 강릉역에 하차하면 15분 간격으로 배차되는 진부행 버스를 타고 50분 만에 도착할 수 있다.

　진부행 버스는 서울 동부터미널에서 30분 간격으로 운행된다. 상봉터미널에서는 1시간 간격으로 운행되는데 3시간 30분이면 도착할 수 있다. 여러 가지 행로가 있지만 도로편을 선택하는 것이 좋다. 노송림을 뚫고 굽이치는 도로가 경쾌한 드라이브 코스로 아주 적합하기 때문이다. 특히 해발 865m의 대관령은 서울에서 강릉으로 가는 유일한 길목이다. 강릉의 관문역할을 하는 대관령은 영서와 영동을 잇는 준령이다. 정상의 고속버스 종합휴게소에 도착해서 사방을 바라보니 경치가 아름답다. 멀리 동해, 그리고 아름다운 고원(高原), 녹음의 파노라마는 경탄을 하지 않을 수 없다. 북쪽에는 오대산이 장엄한 경관을 자랑하고, 남쪽에는 두타산(頭陀山)이 비경을 뽐낸다. 그 사이로 장장

수백 리를 돌고 돌아 서해로 빨려들어간 계곡과 하천은 보는 사람을 매혹시킨다. 깊고 그윽한 산자락 골골마다 순박하고 선량한 농민들이 둥지를 틀고 살고 있다.

자동차는 달려 오대산 입구에 있는 진고개에 접어들었다. 도로는 여기서부터 새롭게 포장되어 깨끗하다. 월정사 입구에서 노인봉과 동대산 사이를 뚫고 오대산 소금강과 이어지는 샛길이 뚫린 것이다. 첫 관문은 영동고속도로 상진부 교차로 월정사 쪽으로 8km 들어간 지점인 간평교에서 우회전하여 들어가는 6번 도로다. 진고개가 시작되는 이곳에서 월정사까지는 4km, 고개정상까지는 9km라고 표지판이 가르쳐 준다. 노인봉에서 흘러내린 안개자니계곡과 거리개자니계곡은 짙은 송림과 암석이 펼쳐져 있는데 상당히 서구적이다. 고개를 넘어 원시림 사이를 뚫고 S자로 굽이치는 커브길을 돌고 돌아 치달리는 스릴은 아찔하다. 오대산으로 가는 길 주변은 명승을 골고루 갖추고 노송림이 우거졌는데, 고유의 한국적 경관과 이국적 정서를 함께 만끽할 수 있다.

■ 월정사(月精寺)

월정사에 들어서니 팔각구층석탑이 제일 먼저 마음을 끈다. 한국전쟁 당시 이 탑 하나만 남고 전부 불타버렸다. 사실 이 탑에도 불이 붙어 많은 열을 받아 석재가 파열되며 법당쪽으로 몸체가 기울었다. 그것을 근래에 해체 복원했다. 이것은 고려 때 작품으로 국보 제48호로 지정되었다. 기단에는 연화문(蓮花紋)이 있고 상부에는 금동제상륜(金銅製相輪)이 있다. 기단과 탑신 옥개(屋蓋)는 전부 팔각을 이루고 있다. 높이는 15m 정도로 우아하고 정교하다. 칠불보전에는 7불의 금불이 있다.

월정사는 시왕전과 나한전 등 건물이 많다. 이들은 신라 때 건축되었다고 하는데 고고한 솜씨를 보면 당시 문화와 예술을 상상할 수 있다. 신라로부터 천 년이 훨씬 넘게 지났다. 그런데도 건물이 아직 기울지도, 허물어지지도 않은 것을 보면 그때의 건축 솜씨가 얼마나 완벽했는가를 알 수 있었다. 신라 선덕여왕 14년(645)에 자장율사가 창건하였다는 이 절의 이름은 뒷산 동대산에서 떠오르는 아름다운 보름달빛에서 나온 것이다. 훗날 밝은 보름달이 뜰 무렵 이곳에 다시 오겠다고 생각하며 길을 재촉하였다.

오대산 월정산 일주문

■ 등산길

등산기점은 오대산장 옆에 있는 연화교로 정했다. 이곳으로 정한 이유는 1965년 고려대학교 학생 10여 명이 소나기로 물이 불은 오대천을 어깨동무를 하고 건너가다 모두 목숨을 잃은 합수골을 보기 위해서이다. 합수골 내에 이르러 젊은 나이에 돌아올 수 없는 길을 떠난 이들에게 묵념을 올리고 다시 발을 재촉했다. 동쪽으로 오솔길이 나타났다. 새벽 여명을 뚫고 계곡을 따라 미끄러운 경사길을 올라 진고개를 넘어가는 영마루에 이른다. 5분간 휴식하고 다시 북으로 숨가쁘게 비탈길을 걸어 정수리가 넓은 마당 같은 해발 1,433.5m의 동대산에 올라섰다.

동쪽으로 훑어내리는 연곡천의 물소리가 바람소리 속에 섞여 '쏴아' 하고 스쳐간다. 다시 이곳에서 두로봉까지 10km로 등산길이 길어 가장 지루하고 험해 힘들었다. 3시간을 기어오르는 동안 펄썩 주저앉기도 하면서 심장의 박동소리 가라앉히며 가까스로 올라선 곳은 해발 1,421.9m의 두로봉이다. 두로봉에서 상왕봉까지는 4km로 1시간 걸린다. 산을 오르고 내리고 하는 반복현상이 고달픔을 자아낸다. 그러나 고산이 풍기는 신성함이 사뭇 상쾌하게 기분을 흥분시킨다.

오대산 비로봉

한발 한발 밟고 온 봉우리들과 앞으로 디딜 다섯 개의 봉우리는 마치 다섯 개의 꽃잎처럼 하늘을 향한 연꽃 모양을 하고 있다. 산의 생김새가 이러하니 자연 불교와 상관없을 수 없다. 연꽃은 숲의 바다로

푸르게 싸여 있을 것이다. 천년 묵은 전나무 숲은 바다 주변에 있다. 전나무 숲을 비롯하여 주목 군락, 하얀 자작나무 그리고 계수나무 무리들이 매혹적이다. 지금은 겨울이지만 여기에 다양한 야생 꽃이 산을 뒤덮을 것이다. 이곳에 자생하는 식물은 약 6백 70여 종이나 된다고 한다.

4월이면 북대사 근처에는 괭이눈꽃이 짙은 노란색 꽃망울을 터트리며 무리지어 피어오른다. 이 꽃이 사라질 때 비로봉 정상 풀밭에는 노랑무늬 분꽃이 피기 시작한다. 이 꽃은 매우 아름다워 관상용으로 좋은데, 우리나라에서만 자라는 희귀종이다. 한여름 정상 비로봉 숲은 분홍바늘꽃으로 몸을 장식한다. 그리고 신선초 같은 산마늘이 하얀 꽃을 피우며 수를 놓는다. 꽃의 종류와 모양은 각각이다. 금강초롱, 제비도자꽃, 애기앉은부채꽃들이 별무리처럼 깔려서 상쾌하고 신선하고, 향기는 등산객의 발걸음을 가볍게 한다.

■ 정상에서

– 산맥

상왕봉에서 정상인 비로봉은 손에 잡힐 듯 빤히 바라보인다. 그러나 그곳까지는 4km로 1시간이 소요된다. 비로봉에는 그 이름을 새긴 돌비석이 높게 쌓아올려진 돌더미가 있다. 그 앞에 기대앉아 잠시 눈을 감고 휴식을 취하노라니 육신은 허공에 떠다닐 수 있을 정도로 가볍게 느껴진다. 그 느낌은 다섯 개의 연꽃송이 중 제일 높은 비로봉이라는 꽃잎에 사뿐히 내려앉는다. 아련하게 졸음이 밀려온다. 자그마한 육신을 끌고 이렇게 광활하고 거대한 이곳까지 올라오느라 피로가 쌓인 때문이리라. 그러나 정신을 차리고 천천히 비로봉 저 멀리부터 머릿속으로 더듬어 보았다.

설악산 남쪽으로 태백산맥의 중추를 이루면서 양양, 홍천, 평창 3

군에 걸쳐있는 이 산은 1975년 2월 1일 열한 번째 국립공원으로 지정되었다. 주봉인 이곳 비로봉을 중심으로 서남쪽에 호령봉, 북동으로 상왕봉, 두로봉 그리고 동남으로 동대산 등의 큰 봉우리들이 한강의 발원지인 오대천 상류를 빙 둘러싸고 있다. 동남으로는 대관령이 굽이굽이 산흥을 돌아 아름다운 풍경을 만들며 산너머로 뻗어내렸다. 남서쪽의 태백산맥에서 충청남북도를 거쳐 저 멀리 태안반도까지 뻗어간 차령산맥의 분기점에 내가 서 있다.

두로봉에서 남동으로 흘러가며 동대산을 만들어 이 산 밖으로 노인봉과 황병산 다음에 대관령을 솟구치고 태백산, 두타산으로 뻗어내렸다. 두로봉에서 남서로 흘러간 산줄기는 상왕봉, 비로봉, 호령봉을 만들고, 거기서 서진해서 이 산보다 더 높은 계방산을 만든 연후에 운두령을 밟고서 차령산맥이 되어 남서로 흘러갔다. 동서북쪽으로 지맥들이 갈비뼈 모양으로 뻗어간다. 그중 상원사로 내리는 지맥은 적멸보궁의 명당을 만들고 내려가 사고사지까지 人자의 갈래능선과 기진산을 만들고 오대산으로 마무리짓고 있다.

■ 하천

광활한 산맥에서 남쪽으로 흘러내린 계곡물은 지형을 따라 가운데로 모여 오대천을 만든다. 이것은 다시 남대의 바깥물과 합쳐 월정사 계곡물이 되어 사미대와 금강연을 지나서 영월땅에 이른다. 청풍에 가서 북쪽으로 흐르고 금천에서는 서쪽으로 흘러 한강으로 빠져나간다. 오대천의 상류는 남한강의 발원지로 알려져 있는데, 이것을 우통수(于筒水)라 불러왔다. 동대산에서 동쪽으로 흐르는 계곡물은 다시 북쪽으로 흘러 연곡천이 되고 남쪽으로 빠지는 물은 간평교에서 오대천과 합류하고 있다. 두로봉과 상왕봉 그리고 비로봉에서 북서쪽으로 흐르는 물은 모이고 모여 홍천강을 이루고 있다.

■ 보살이 살고 있는 곳

오대산에는 석가(釋迦), 관음(觀音), 문수(文殊), 대세지(大勢至) 그리고 지장(地藏) 보살이 항상 상주한다고 한다. 고려 후기 고승 일연 스님은 "국내의 명산 중에 오대산이 승지로서 가장 불법의 길이 흥할 곳이다. 이것은 삼국유사에 땅의 형상을 볼 줄 아는 사람이 말한 것이다."라고 말했다. 또한 자장율사는 이 산에 보살이 상주한다고 했다. 그는 당나라 청량산(지금의 오대산)에서 문수보살로부터 범어로 된 게송을 받았다. 보살은 율사에게 이르기를, "너의 나라 동북방의 명주(지금의 강릉) 땅에 오대산이 있는데, 그곳에 1만의 문수보살이 상주하니 가서 뵙도록 하라."고 하였다. 그 후 자장율사는 이 산에 월정사를 창건했다. 오대산은 호령봉, 비로봉, 상왕봉, 두로봉 그리고 동대산 등 다섯 봉우리가 연꽃의 모양인 것 같기도 하고, 염주알을 실에 꿰어 놓은 듯 하기도 하다.

- 이름

나는 '오대(五臺)'라는 이름은 비로, 호령, 상왕, 두로, 동대 등의 다섯봉우리로 인해 붙여진 것이라 생각했다. 그런데 어째서 대(臺)자가 들어갔는지 이상하다. 봉우리와 대(臺)는 같은 뜻이 아니기 때문이다. 대는 산봉우리를 말하는 것이 아니고 어떠한 제단이나 불단을 차릴만한 알맞은 높이의 지대를 말하는 것이다.

비로봉에서 중간쯤 내려온 능선을 중대라 한다. 동대사, 서대사, 북대사 등의 절 이름은 보다시피 대(臺)자가 들어가 있다. 옛 책자를 보면 자장율사(慈裝律師)가 수도하던 당나라의 오대산(五臺山)과 이 산 모양이 비슷해서 이름을 따붙였다고 한다. 또 만월, 기린, 장령, 상황, 지로의 5대를 생각하고 지은 이름이라는 말도 있다. 만월은 지형이 말 그대로 달덩이처럼 동그랗게 생겼을 것이고, 장령은 길다란 영마루를 말한다. 지로는 신선처럼 오롯하게 서 있는 지형일 것이다. 그리고 상왕은 코끼리 모양, 기린이라는 지방은 목을 빼고 길게 쳐다보는 기린의 모습인 것이다. 이 다섯 지형의 이름들이 바뀌어 만월산은 동대산으로, 장령산은 호령봉으로, 상왕산은 상왕봉으로, 지로산은 비로봉으로 된 것이다. 이름이 변한 정확한 시기를 알 수 없지만 말이다.

■ 하산길

- 기린산길

정상에서 많은 것들을 생각하다보니 시간이 금세 지나갔다. 부랴부랴 하산을 서두른다. 하산은 등산보다 힘이 덜 들고 속도가 빠르다. 비로봉에서 호령봉까지 4km인데 50분이 걸렸다. 올라올 때보다 10분을 단축한 것이다. 이곳에서 남서쪽으로 계방산을 바라보며 순탄한 능선길을 타고 가다가 동으로 동피골로 내려가는 갈림길을 비켜 1,531.9봉에서 동쪽으로 지름길에 접어들었다. 그러나 숲이 우거져 길을 찾기 힘들다. 한참을 헤메다가 동피골과 조계골 사잇길을 어렵게 찾아냈다. 완만한 경사길이다.

1,301봉에 도착하니 오대산 다섯 봉우리가 한눈에 조망된다. 온 산이 파도치는 나무의 물결로 덮였는데 특히 월정사 입구의 전나무 무리가 두드러진다. 수림은 맑고 맑은 계류와 어우러져 더욱 시원하게 느껴졌다. 자신의 자태를 뽐내는 감이 없지 않지만 인자하고 덕스러워 보이는 산, 그것이 바로 오대산이다.

- 사고사지 길

여기에서 1,281.8봉을 거쳐 내려오니 바야흐로 호령봉에 해가 기울어 황혼이 온다. 동대쪽에서는 달이 뜨고 있는지 희미한 빛의 그림자가 비친다. 사고사지를 발 아래에 두고 가파른 비탈길을 내려왔다.

사고사지를 보지 못하고 가야 하니 한 없이 안타깝다.

사고사지는 소위 '삼재불입지지(三災不入之地)'의 명당으로 잦은 병화로부터 조선왕조실록 등 역대 사책(史冊)들을 안전하게 보존하기 위하여 사고(史庫)를 세웠던 자리다. 선조 39년(1606) 사명대사의 주달(奏達)로 선원보각(璿源寶閣)을 세우고 왕조실록 등 역대 귀중 사책을 보관했다. 그러나 이곳의 책은 1914년 3월 일제 총독부에 의하여 동경제국대학 도서관으로 옮겨졌고, 1928년 11월 관동대지진 때 불에 타 그만 한 줌 재로 사라져 버렸다. 사고는 한국전쟁 때 영감사와 함께 화재로 없어지고 지금은 터만 남아 사고지(史庫地)였다는 사실만 전해지고 있다. 돌담과 주춧돌만 복원되고 있다.

동피골 골짜기는 인적도 없이 적막하기만 한데 소(沼)에 떨어지는 우렁찬 폭포 물줄기가 적막을 깼다. 한참을 걸어 그 소리가 멀어질 때 어렴풋이 어둠 속에 이전에 본 듯한 길이 나타났다. 비로소 오대산 5봉을 종주하는 장장 35km나 되는 거리의 여행이 끝나고 개선장군처럼 연화교를 향하여 되돌아가는 길인 것이다.

■ 적멸보궁(寂滅寶宮)

90년도 어느 봄날 오대산은 너무 먼 거리였는데 시간은 하루의 여유밖에 없어 등산을 서둘러야 했던 기억이 있다. 그래서 도로가 잘 닦여진 상원사까지 차를 타고 올라가서 곧바로 정상인 비로봉에 올라섰다.

사방에는 진달래와 철쭉꽃이 곱게 피어나 정상에 올랐다는 희열을 더욱 해맑게 해주었다. 정상이란 언제나 고통과 극기 후에 오는 감동을 안겨준다. 영육(靈肉)의 고뇌를 광활한 대자연 속에 달래며 충만한 희열을 만끽했다. 그런 후 내려와서 적멸보궁 앞 잔디밭에 앉았다. '이곳이 과연 명당이라는 것이군.' 하며 풍수지리의 진수를 느끼기도 했다. 조상들이 명당에 대하여 그토록 신령스럽게 여겼던 이유를 어느 정도 알 것 같다. 적멸보궁으로 오는 길은 험한 급경사로 수도자를 단련시킬 수 있는 좋은 코스가 될 수 있다.

적멸(寂滅)이란 생사(生死)의 인과(因果)를 멸하여 다시 미(迷)한 생사를 계속하지 않고 적정한 경계로 극락세계로 안주함을 뜻한다. 사실 적멸보궁(寂滅寶宮)은 그냥 지나칠 수 없는 불도의 흔적이 있는 자리다. 자장율사가 당나라에서 가져온 부처님의 정골사리(頂骨舍利)를 봉안한 우리나라 4대 보궁 중의 하나이기 때문이다. 부처님의 진신(眞身)이 상주한 곳이라서 가끔 영서(靈瑞)가 일어난다고 한다. 안쪽을 기웃거려 보니 사리가 봉안되었다는 불상은 어느 것인지 알 수 없고, 불단이 마련되어 있다. 물어보니 아무도 아는 사람이 없다. 어쨌든 이곳은 예불객과 풍수객들의 발길도 끊이지 않는다고 한다.

부처님의 정골사리를 봉안한 오대산 적멸보궁

사방은 오대산의 산봉우리들이 병풍처럼 둘러싸고 있다. 용이 여의주를 희롱하는 형상이라 예로부터 명당으로 손꼽히고 있다.

보궁의 뒤쪽에는 작은 마애불탑(磨崖佛塔)이 사람들을 반긴다. 이곳에서 상원사까지의 거리는 1.5km라고 표지판이 가르쳐 준다.

■ 상원사(上院寺)의 세조행제(世祖行帝)

- 문수동자 목각상(文殊童子木刻像)의 전설

상원사는 월정사 10km 위에 있다. 이 절은 비로봉 동남 기슭에 깊숙이 자리 잡고 있다. 조선 세조 9년(1464), 왕은 이 절을 조선조의 원찰로 삼고 중창하여 전답을 하사했다. 그리고 이 사실을 영산부원군 김수온(金守溫)에게 기록시키고 친필로 상원사중창권선문(上院寺重創勸善文)이라고 써서 하사했다. 이것은 보물 제149호인데 한문과 한글로 병기되어 있어 한글 연구상 귀중한 자료이다.

법당인 영산전(靈山殿)은 정면 3간 측면과 3간의 맞배집으로, 이 산에서 제일 오래된 건물로 알려져 있다. 청량선원(淸凉禪院)과 소림초당(少林草堂), 종각(鐘閣)들은 문수신앙(文殊信仰)의 중심지이다. 법당 안에는 문수동자(文殊童子)의 목각상이 있다. 조선 세조에게는 문수보살과 관련된 사화(史話)가 있다. 세조가 이곳에서 기도하면서 문수보살을 배알하였다는 것이다.

수양대군(首陽大君)은 계유정난(1453년)으로 정권을 잡았고 1년이 지난 후 왕위에 오른다. 그는 후에 사육신이라고 추앙받는 성삼문 등의 단종복위 거사가 발각되자 관련자 전원을 처형했다. 마침내 영월로 귀양 보냈던 조카 단종(端宗)마저 죽이고 만다. 이 같은 피바람 속에서 세조는 항상 마의 번뇌를 씻기가 어려웠다. 설상가상으로 맏아들이 젊은 나이에 죽고 자신은 온몸에 부스럼이 나 큰 고생을 한다. 백성들은 단종의 어머니(문종 비)의 저주를 받아서 그렇다고 쑥덕거렸다. 이런 풍파가 많았던 관계로 세조는 불심이 깊었다. 그래서 그는 불사(佛事)를 벌이기도 하고, 몸소 오대산, 속리산, 낙산 등 여러 군데 불교성지(佛敎聖地)를 순례하며 기도를 올렸다.

피부병으로 고생하던 어느 날 세조는 영험이 있기로 이름난 이 상원사에 문수 기도를 드리려고 오대산을 찾았다. 왕은 먼저 월정사에서 참배를 끝내고 상원사로 어가(御駕)를 옮겼다. 올라오는 도중 더위를 식히고자 세조는 신하들을 물리치고 맑은 계곡물에 몸을 담갔다. 그때 웬 동자승이 숲 속을 거닐므로 왕은 그 아이를 불러 등을 밀어달라고 하였다. 목욕을 마친 왕은 동자승에게,

"너는 아무에게나 임금의 옥체를 씻었다는 말을 하지 마라."고 했다. 그러자 뜻밖에도 동자승은, "대왕도 어디 가서든 문수보살을 보았다고 말하지 마시오." 하고 사라졌다.

그 후 이것이 꿈이였던지 생시였던지, 세조의 몸을 덮었던 부스럼이 깨끗이 사라졌다. 감격한 왕은 화공을 불러 자신이 본 보살의 형상을 그리게 하고 그것을 이 절에 봉안하게 하였다. 그것이 이 법당 안에 있는 문수동자목각상이다. 지금도 그때 세조가 목욕한 곳을 '관대거리' 또는 '갓거리'라고 부르고 있다.

- 고양이 석상(石像)

법당에서 내려서니 앞뜰에 고양이 석상이 있다. 이 석상에도 역시 세조와 관련된 이야기가 있다. 하루는 세조가 이 절에 당도하여 법당으로 올라 예배를 드리려고 하는데 갑자기 고양이 한 마리가 튀어나와 왕의 옷을 붙들었다. 고양이는 옷을 잡아당겨 왕이 안에 들어가지 못하게 했다. 고양이의 행동을 이상하게 여긴 세조는 문득 어떤 예감이 들어 신하들로 하여금 법당 안을 뒤져보게 했다. 그러자 불상을 모신 탁자 밑에서 칼을 품고 있는 자객이 발견되었다. 세조는 그를 끌어내어 참수(斬首)하게 했다. 세조는 고양이 덕에 목숨을 건진 것이다. 이로 인해 세조는 그 고양이를 위하여 묘전(描田)을 하사하고, 고양이 석상을 만들어 봉안하게 했다고 한다.

- 붉은 띠

하루는 세조가 승려 그리고 신하들과 같이 공양을 들려고 기다리고 있었다. 그런데 제일 말석에 앉았던 어린 사미승이 왕에게

"이거사(李居士), 공양하세요." 하고 커다랗게 외치는 것이다. 주위 신하들과 스님들은 모두 놀라 파랗게 질렸다. 그러나 세조는 담담하게 껄껄 웃으면서, "같이 듭시다."고 했다. 그리고 왕은 그 사미승에게 삼품(三品) 벼슬을 내리고 그 징표로 허리에 감았던 붉은 허리띠를 끌러 주었다. 이로부터 어린아이에게 붉은 띠를 매어주어 부귀를 기원하는 민속(民俗)이 생겼다.

이러한 전설들을 증명하듯 이 절에는 세조의 어의(御衣) 등 22점의 유물이 발견되었다. 세조의 어의는 보물 793호, 법당의 문수보살좌상(文殊菩薩坐像)은 국보 제221호로 지정되어 있다.

하루 8회 운행되는 버스에 올랐다. 봄기운이 서린 계곡물이 너무 정다워 세상 모든 잡념이 그 옛날 세조의 참선처럼 청류에 빨려들어 갔다.

오봉산(五峰山) · 부용산(芙蓉山)
779m　　　　　　　882m

위치 : 강원도 춘천시 북산면
　　　화천군 간동면

■ 청평사(淸平寺)의 설화

　원(元)나라 황제 순제(順帝)는 고려 여인 기 씨를 후궁으로 삼았다. 그리고 그녀의 몸에서 아들이 태어나자 그녀를 황후에 봉했고 그 아들은 황세자를 삼아 자신의 대를 잇게 했다. 원나라 황실에 우리 민족의 피가 섞인 것이다. 그런데 순제에게는 신비한 설화가 전해져 내려온다.
　황제 순제에게는 절세미인인 딸이 있었다. 어느 날 한 청년관리가 대궐을 거닐던 미인을 보고 사랑에 빠진다. 그러나 이 여인은 황녀였고, 사랑은 이룰 수 없는 것이었다. 결국 청년은 상사병으로 죽게 되고, 그 영혼은 뱀이 되어 황녀에게 달라붙는다. 머리는 그녀의 배꼽에 대고 꼬리 쪽은 하체에 밀착시킨 모습으로 말이다. 황녀는 모든 방법을 다하여 뱀을 떼어내려 했지만 소용이 없었다. 그녀는 하는 수 없이 대궐을 나와 거지 복색을 하고 중국 중원을 헤맸다. 그녀는 뱀을 떼낼 곳을 찾아 백방으로 다녔다. 그러나 허사였다. 오히려 아름다운 얼굴 때문에 불량배들에게 겁탈을 당할 뻔 하기도 했다. 그런데 그때마다 불량배들은 뱀을 보고 질겁을 하며 도망쳤기 때문에 위기를 모면할 수 있었다.

금강산은 예부터 중국까지 널리 알려진 명산이다. 황녀는 어느 날 불현듯 죽기 전에 금강산을 보아야겠다는 생각이 들었다. 그래서 그녀는 고려에까지 오게 되었다. 그리하여 청평천(淸平川)을 거슬러 금강산으로 가던 그녀는 청평사를 보게 된다. 그런데 그녀가 그곳으로 들어가려 하자 갑자기 뱀이 요동을 치며 발광을 하기 시작했다. 그래서 그녀는 뱀을 달랬다.

"내가 너를 대한 지 10년이 되는 동안 한 번도 네 뜻을 저버린 적이 없지 않느냐. 그러니 너도 내 원을 들어줘야 하지 않겠느냐? 같이 가기 싫거든 여기서 잠깐 기다려라."

그러자 뱀이 순종하고 스스로 그녀의 몸을 풀어주었다. 황녀는 자유의 몸이 된 것이다.

상사뱀의 전설상

그녀는 계곡의 영천에 몸을 씻고 날아갈 듯한 기분으로 절에 들어갔다. 때마침 승려들이 법당에서 가사불사(袈裟佛事)를 하다가 공양할

때가 되어 모두 큰 방으로 가고, 법당에는 비단조각이 바늘에 꽂힌 채로 놓여 있었다. 그녀는 눈물을 와락 쏟으면서 부처님께 간절히 기원하고, 자기 하체를 그 바늘로 세 바늘 쯤 꿰맸다. 그때 갑자기 하늘에서 벼락이 치며 세찬 비가 쏟아지기 시작했다. 그리고 하늘을 가르며 떨어진 벼락은 뱀을 죽였다. 뱀은 벼락을 맞아 타버리고 한순간 재로 변해버린 것이다. 그녀는 너무도 고마워 이 절에서 밥도 짓고 빨래도 하며, 때로는 밭에 김도 매면서 부처님께 은덕을 감사했다.

그러던 중 청평사는 큰 법당을 짓게 되었다. 그때 그녀는 스스로 화주(化主)를 자청하고 강원감사에게 자신의 사연을 적어 갖다 주게 하였다. 황녀의 편지를 보고 황급히 달려온 감사의 시주로 법당은 증수된다. 이때 법당의 외벽면까지 금으로 입혔다.

그 후 세월이 흘러 다른 감사가 이 절을 찾아왔다. 그런데 그는 법당을 보고, "절의 겉까지 황금칠이 웬 말이냐?" 하고 대노하면서 그것을 벗겨내라고 호통을 쳤다. 그러나 감사는 돌아가던 중 벼락을 맞아 비참하게 죽는다.

그 후 이 절에는 회전문(廻轉門)이 세워졌는데, 이것은 오늘날 보물 제115호로 지정, 관리되고 있다. 차츰 유명해지기 시작한 청평사는 한국전쟁 당시 불에 타 사세가 미약하게 된다. 그러다가 댐이 건설되면서 활기를 되찾아 지금은 관광객과 신도들이 쇄도하고 있다. 위의 전설은 청평사가 영험이 있는 절로 각광을 받아왔음을 내포하고 있는 것이 아닌가 한다.

■ 가는 길

소양댐이 건설되면서 다시 번창하기 시작한 청평사는 댐의 맨 끝 북쪽에 솟은 오봉산 남쪽 기슭에 자리 잡고 있다. 청평사 입구까지는 배가 수시로 왕복운행하고 있다. 20분 밖에 안 걸리는 선유(船遊)여행이지만, 푸른 물결을 가르고 헤쳐 가는 유람선은 이국적인 분위기를 풍긴다.

  선착장에 내려 계곡을 끼고 산길을 500m쯤 올라서니 매표소가 있다. 그 오른쪽의 아름다운 폭포가 걸려있는 정원으로 들어섰다. 이 정원은 고려시대 정원으로 이자현이라는 사람이 만든 것이라 한다. 정원을 돌아서니 거기 뱀의 전설이 서린 청평사가 아늑하게 자리 잡고 있다. 청평사는 이 길 말고도 춘천에서 1시간마다 운행되는 간동면행 버스를 타고 오봉산 서쪽에 있는 해발 600m의 오음리 고개까지 가서 오봉산 정상으로 오르는 하산코스에서 볼 수도 있다. 춘천시까지는 서울 상봉터미널에서 직행버스가 수시로 운행되고 있다. 청량리에서 1시간 간격으로 출발하는 열차를 타도 된다.

  정원 옆의 구성폭포는 아주 활기차게 흘러내리고 있다. 청평사 앞쪽의 부도는 고색이 짙어 먼 옛날이야기를 우리에게 이야기해주는 듯하다.

구성폭포

사기(寺記)에 보면 이 절은 신라 진덕여왕 때 창건된 것으로 되었다. 그 후 고려 광종 24년(973) 승현선사(承玄禪師)에 의하여 백암선원(白岩禪院)이 개창되었는데 그때부터 절의 역사는 명확하다. 고려 문종 22년(1068)에 이의라는 사람에 의해 중건되면서, 보현암(普賢庵)으로 개칭되었다. 청평사(淸平寺)라 불리게 된 것은 조선조 명종 5년(1550)에 보우대사(普雨大師)가 중수하면서부터이다.

사옥을 둘러보니 뱀의 전설에 나오는 회전문과 극락보전 그리고 불각이 1동 있고, 좀 떨어진 곳에는 요사채가 있다. 지금은 문화재 관리 차원에서 보호받고 있는 이 절의 돌계단과 죽대 등은 옛날에 찬란했던 모습을 말해주고 있다.

■ 등산길

청평사 뒤쪽으로 이어져 있는 등산길은 암벽과 급경사로 많은 위험이 따른다. 그러나 길이 비교적 잘 다듬어져 있고 쇠줄난간이 설치되어 있어서 조심만 한다면 큰 어려움 없이 오를 수 있다. 자연의 신비로움에 대조되는 우리들의 초라함은 정상 정복에 대한 욕망을 더욱 자극한다. 그래서 혼육을 집중하여 몸을 아끼지 않고 절벽을 기어오르는 고통을 참을 수 있다. 이곳에서 우리는 무거운 짐에 대한 해방을 느꼈고 무념무상(無念無想)이 인간의 생명리듬에 주는 기쁨을 맛보았다. 얼마를 오르니 홈통바위가 있고 20분 거리에 정상이 있다.

■ 정상에서

정상에서 보는 오봉산은 비로봉, 보현봉, 문수봉, 관음봉 그리고 나한봉의 다섯 봉으로 되어 있다. 건너편으로 소양호의 원근이 한눈에 들어온다. 한계령에 그 근원을 둔 소양강은 굽이굽이 흘러 북한강 지류와 합류하여 인제군과 양구군으로 흘러 이곳 소양호까지 흘러드는 것이다. 소양호의 끝은 마치 하늘과 맞닿은 바다를 흉내내려는 듯 푸르게 헐떡이고 있다. 태양을 삼켜 은빛을 머금은 물살이 번쩍인다.

　소양호에는 토석과 암석, 그리고 시멘트를 이용하여 댐이 만들어져 있다. 이것은 동양에서 최대이고, 세계에서는 네 번째로 크다고 한다. 높이는 무려 123m, 길이가 530m이다. 시설용량 20만kw의 전기를 만들고 있다는 것이다. 그뿐 아니다. 댐의 기능 중 하나인 홍수를 조절하고 농공업 용수를 공급하는 것으로 사람들에게 도움을 주고 있다.

　소양호에 쾌속여객선이 질주하고 있다. 배는 수면에 멋진 그림을 그리며 달려간다.

■ 하산길

　정상에서 서쪽으로 내려가 720봉을 오른쪽으로 두고 산허리를 가로 질러 쇠난간을 타고 내려오면 오음리 고개가 있다. 그 고개에는 춘천으로 가는 버스가 있다. 그러나 우리는 그렇게 가지 않고 청평사 쪽으로 1분 정도 내려가다가 갈림길에서 왼쪽 능선길로 접어들어 백치고개에 올라섰다. 눈앞에 펼쳐지는 장대한 호수와 숲의 아름다움을 놓칠 수 없었기 때문이다. 빼어난 경치는 모든 힘을 소진한 육체를 부활시킨다. 우리들은 부용산 정상에 올라섰다. 백치고개에서 동쪽 능선길을 따라 숲이 매우 우거진 한적한 오솔길을 지나 또 하나의 정상을 밟은 것이다.

　부용산은 암봉으로 이루어진 오봉산에 비해 토산으로 이루어져 대조적이다. 정상은 넓은 초원이다. 그곳에서 휴식을 취하고 남쪽으로 870.5봉을 거쳐 서쪽 능선으로 내려갔다.

　주능선을 따라 남쪽으로 이어지는 길은 애매하여 찾을 수 없다. 동쪽 길은 부귀리 쪽으로 이어져 있고, 서쪽 선착장 길도 찾기가 힘들다. 서쪽으로 90도 꺾인 주능선 길을 찾아 하우고개까지 내려오니 억새풀이 우거져 바람에 흔들리고 가끔 산새소리가 들려온다. 그곳에서 서쪽으로 직선을 그으며 내려오니 작은 농막이 나타났다. 오른쪽 고개를 넘어서니 청평사 선착장이 보였다.

선착장 천막식당에서 토속주 한 잔을 마시고 빙어회를 먹었다. 이 풍요로운 맛은 잊지 못할 추억으로 기억될 것 같다.

치악산(雉岳山)

1,288m

위치 : 강원도 원주시 소초면
　　　영월군 수주면

■ 충절(忠節)을 품은 산

　원천석(元天錫)은 조선이 건국되자 고려의 유신으로서 망해버린 나라의 운명을 한탄하며 산으로 숨어버린 학자이다. 자는 자정(子正)이고 호는 운곡(耘谷)이며 원주태생이다. 운곡은 글을 잘 짓고 학문이 해박하였다. 고려 말 정치가 문란해지자 벼슬에 미련을 두지 않고, 치악산에 들어가 농사를 지으며 부모봉양에 힘썼다. 그는 목은 이색 등 학자들과 사귀면서 쓰러져가는 국운을 슬퍼하며 개탄했다. 그러다가 나라에서 과거를 치르자 이에 응시해 장원급제를 해서 단번에 진사(進士)에 오른다. 그러나 운곡은 관직생활을 정말 싫어했다. 그래서 다시 치악산으로 들어와 글을 읽으며 농사를 지었다. 조선 태조 이성계의 아들 방원은 일찍이 운곡에게 글을 배웠다.

　조선이 건국되고, 하루는 이방원이 옛 스승을 생각하여 일부러 원주에 친히 내려왔다. 그러나 운곡은 이성계의 아들이 온다는 소식을 듣고 몸을 숨긴다. 이방원은 할 수 없이 운곡의 집 앞에 있는 바위에 수레를 멈추고 옛날 공부할 때 밥을 지어주던 늙은 할미를 불러 사례를 하고 돌아왔다. 후세 사람들은 그 바위를 태종대(太宗臺)라 부르게 된다. 이 태종대는 바로 치악산 각림사(覺林寺)옆에 있다.

그 후 이방원이 태종이 되고 어느 날 다시 스승 운곡을 부르니, 운곡은 관복도 입지 않고 백색 옷을 입고 대궐로 들어갔다. 그는 왕을 보고도 절을 하지 않았지만 태종은 스승의 예우로 대접하고, 자기의 모든 손자들을 불러서 운곡에게 인사를 하게 했다. 운곡은 왕손들의 인사를 받다가 수양대군(首陽大君) 차례가 되자,
"이 애는 제 할아버지 풍모를 꼭 닮았소."
하고 한 마디 한 후에 다시 어린 수양대군을 쳐다보면서,
"형제를 사랑하여야 한다. 형제를 사랑하여야 한다." 하였다.
할아버지를 닮았다고 한 것은 수양대군이 자신의 동생들을 죽일 인물이라는 걸 예언한 것이다. 태종은 운곡의 말을 듣고 수양이 비범한 인물이 되리라고 생각했다. 이후 수양대군은 형님 문종이 죽고 즉위한 조카 단종(端宗)을 밀어내고 임금의 자리에 올랐다. 그는 사육신의 상왕복위거사가 발각되자 단종을 폐위하여 노산군(魯山君)으로 만들고 영월 청령포에 귀양을 보냈다가, 드디어 죽음에 이르게 한다. 세조(世祖)는 이뿐 아니라 자신의 동생 안평, 금성 두 대군까지 죽였다.
결국 운곡의 예언이 맞은 것이다.
그는 치악산에서 야사(野史) 6권을 저술하였는데, 그것이 나라의 역사서와 다른 점이 많은 화를 입을 것을 염려해 손수 불살라 버렸다고 한다. 운곡 원천석, 그는 마지막까지 진정한 고려의 유신이었다.

■ 소설 치악산(雉岳山)

순종 2년(1908)에 이인직(李人稙)의 소설 『치악산』이 세상에 발표되었다. 이것은 신문명과 전통풍습과의 대립을 다룬 신소설(新小說)이다. 무대는 치악산 기슭의 크고 아름다운 마을 단구역말이다. 이야기는 이곳에 사는 홍 참의 댁 며느리를 중심으로 전개된다. 근대문명의 영향을 받은 젊은이들이 결국 보수적인 아버지의 고집을 꺾고 집을

나가 외국유학을 떠난다는 내용이다. 소설 내용 중 치악산에서 호랑이에게 화를 몇 번 당하는 장면이 있다. 옛날 치악산에 정말 호랑이가 많았던 것일까?

옛 사람들은 산신의 영험을 믿었기 때문에 신의 노여움을 피하려고 필요 없는 살생은 하지 않았다고 한다. 그 때문에 짐승의 수가 더 많았을지도 모른다. 옛날 무서운 산짐승이 우글거리던 치악산과, 오늘날 등산로가 많이 개발된 치악산은 대조적이다.

■ 은혜 갚은 꿩

옛날 치악산 기슭에는 불법이 고매하고 도행(道行)이 깊은 스님이 살고 있었다.

어느 날 그는 일이 있어 마을로 가던 중 산길에서 큰 구렁이 한 마리가 새끼를 품고 있는 꿩을 휘감고 삼켜버리려고 하는 광경을 보게 된다. 스님은 보고만 있을 수 없어 지팡이로 구렁이를 때려 꿩과 그 새끼들을 구해주었다. 구렁이는 죽었지만, 한 생명을 희생시키므로 여럿의 생명을 구할 수 있었다. 스님은 기쁜 마음으로 고을에 내려가서 일을 마쳤다.

해가 저물어 돌아오고 있는데 갑자기 안개가 자욱이 끼면서 지척을 분간할 수가 없었다. 그때 당황하던 스님 앞에 반짝반짝 새어나오는 불빛이 보였다. 스님은 그 빛을 향해 다가갔고, 인가(人家)를 발견했다. 주인을 찾는 스님의 목소리에 젊고 아름다운 한 여인이 나왔다. 여인은 스님을 방안에 모시고 남녀가 유별하니 스님은 아랫목에 주무시고 자기는 윗목에서 바느질을 하겠다고 했다.

잠을 청하던 스님은 이상한 냄새와 한기를 느꼈다. 그는 눈을 살며시 뜨고 여인을 보았다. 그런데 여인의 혀가 뱀의 것처럼 두 갈래로 갈라져 있는 것이 아닌가, 놀란 스님이 사태를 짐작하고 뛰쳐나가려

하자 여인이 막아서며,

"나는 오늘 당신이 죽인 구렁이의 아내다. 남편의 원수를 갚기 위해 이곳에서 너를 기다리고 있었다."고 하면서 뱀으로 변해 스님의 몸을 휘감았고, 금방이라도 스님을 삼키려는 듯 입을 쩍 벌렸다. 스님은 당시 상황을 얘기하며 뱀에게 살려달라고 사정을 했다.

그러자, "만약 자정에 산정에 있는 절의 종이 세 번 울리면 살려주겠다. 그렇게만 된다면 죽은 남편은 승천하게 될 것이다."고 하였다. 그러나 무슨 재간으로 방안에 앉아 그 높은 곳의 종을 칠 수 있으랴!

시간은 자정을 향하여 자꾸만 흐르고, 방법이 없다고 생각한 스님은 죽음을 각오하고 있었다. 자정이 가까워지자 뱀은 스님의 몸을 죄었다. 그때 난데없이 '뎅 뎅 뎅' 하는 맑은 종소리가 들렸다. 그 소리는 끊어질 듯 말듯 하면서 연이어 세 번이 울렸다. 그러자 뱀은 스님의 몸을 풀고, "이제 우리 남편은 승천할 것이오." 하며 기뻐했다. 그리고는 어디론가 사라져 갔다. 정신을 차린 스님은 헐레벌떡 산위로 달려갔다. 먼동이 틀 무렵 희미한 빛 아래 스님은 종 앞에 피투성이가 된 채 누워있는 새들을 볼 수 있었다. 어제 그가 뱀으로부터 구해준 꿩과 그 새끼들이었다. 새들은 머리를 부딪쳐 종을 울린 것이다. 머리가 깨진 채 피투성이가 되어 죽은 새들을 보며 스님은 눈물을 흘리며 슬퍼했다. 그리고 새들을 양지바른 곳에 묻어주었다. 이후 사람들은 산 이름을 치악(雉岳)이라고 하였다.

이 산 남쪽기슭에 있는 상원사에는 이 유명한 이야기가 탱화로 그려져 있다. 이 전설은 불교의 생명존중사상을 나타낸다.

■ 여정, 등산로

치악산은 강원도 원주시 동쪽에 위치해 있다. 이곳에 오려면 원주에 도착해서 이 산 북쪽 구룡사와 남쪽 금대리 영원사 입구까지 오는 시내버스를 타면 된다. 서쪽에 위치한 황골 입석사와 행구동 국향사까지는 1일 10회 시내버스가 다닌다. 신림면 성남리 상원사까지는 5회이다. 원주까지의 교통편은 청량리역에서 중앙선 열차를 타거나 고속버스를 이용하면 된다. 서울 동부터미널과 강남고속버스터미널에 원주행 버스가 있다. 춘천, 제천, 충주, 강릉, 영주 등지에서 오려고 해도 그곳에서 출발하는 원주행 버스를 탈 수 있다.

산으로 올라가는 등산로는 여러 군데 있는데, 주로 두서너 코스가 많이 이용된다. 첫 번째는 원주역 앞에서 구룡사 가는 시내버스를 타고 구룡사에 도착해서 오르는 길이고, 두 번째는 원주경찰서 앞 분수대 로터리에서 황골 가는 버스를 타고 석경사 입구에서 내려 석경사를 본 후 입석사로 오르는 길이다. 마지막 세 번째는 금대리 영원사를 보고 아들바위를 거쳐 상원사, 남대봉 그리고 향로봉으로 오르는 길이다.

남북으로 활처럼 굽은 긴 산맥을 가진 이 산은 1,228m의 비로봉, 1,042m의 향로봉, 그리고 1,181m의 남대봉이 주능선을 이룬다. 이 산에는 많은 사찰과 특이한 유적들이 곳곳에 산재해 있다. 이 산의 비로봉 북쪽 구룡사계곡과 사다리병창 그리고 미륵불탑과 서쪽기슭에 원천석 선생 유적, 아들바위와 상원사 등의 볼거리는 치악산을 더욱 돋보이게 한다.

■ 구룡사(九龍寺)와 구룡사(龜龍寺)

원주 주차장에서 원주역 앞을 지나 동북으로 20여 분 달렸다. 영동고속도로와 얼마 동안 병행하다가 다시 남으로 달렸다. 10여분 가서 만난 학곡리 저수지를 지나 또 10여분 달리니, 구룡사가 정좌(靜坐)하고 있다.

계곡의 맑은 물은 반석에 부딪치고

이 절은 삼국통일을 완성한 문무왕 8년(668)에 의상대사가 창건한 것이다. 창건 당시 이 절터 일대는 깊은 연못으로, 아홉 마리의 용이 살고 있었다고 한다.

의상대사는 절을 세우기 위해 신술(神術)로서 용을 내쫓고 연못을 매립하여 절을 세웠다. 그리고 그 절에 구룡사(九龍寺)라고 이름을 지었다.

이 절은 신라 말엽, 조선 중엽에 사명대사(四溟大師) 등의 거승들이 거쳐 갔을 뿐 아니라, 영서지방의 대찰로 품위가 높다. 그러나 조선 중엽 한때 사세(寺勢)가 기울어졌다. 그때 어떤 도인이 사람들에게 절 입구의 거북바위 때문에 절의 기가 쇠약해지니, 그 혈(穴)을 끊으라고 가르쳐 주었다. 사람들은 그 말대로 했는데 어찌 된 건지 절은 계속 쇠퇴해갔다. 그래서 그 거북바위의 혈을 다시 이으려고 구룡사(龜龍寺)라 개칭했고, 지금까지 이렇게 불리고 있다.

구룡사는 어느 절 못지않게 규모가 컸다. 대웅전을 비롯하여 삼성각, 종루, 선실, 일주문 그리고 요사들이 다붓하게 모여 있다. 주위에는 노송을 비롯한 거목이 둘러싸여 승경이 뛰어났다.

■ 사다리 병창길

 구룡사에서 정상을 향하여 오르는 계곡길 옆으로 흐르는 계곡물은 맑기가 그지없다. 그 물은 반석과 돌에 부딪쳐 멍이 든 듯 새파랗다. 감상에 젖어 얼마를 오르다가 깎아지른 듯한 절벽이 푸른 산림을 머리에 이고 하늘을 빠끔히 내다보고 있는 광경이 보였다. 절벽 사이로 폭포물이 수천 길 아래로 기운차게 떨어진다. 그 소리는 거대한 산림을 소란스럽게 흔든다. 물줄기는 투명한 소(沼)를 이루어 조용히 흐르다가 다시 광인(狂人)처럼 발악하며 쏟아진다. 이 폭포가 세렴폭포다. 비로봉 정상에 오르는 첩경으로 각광받는 이 사다리 병창길은 첫발부터 스릴의 연속이다. 팔과 다리의 힘을 모두 다해 기어올라야 하는 등반길은 확실히 벅차다. 쇠로 만든 사다리와 난간 그리고 로프 타기에 이르기까지 쉬운 것이 하나도 없다. 3개의 사다리와 18개의 난간 그리고 많은 로프, 이것들을 번갈아 거치며 병창길 10리를 간다.
 길 이름을 병창이라 한 것은 무슨 이유일까. 흡사 사다리를 세워놓은 것처럼 좁아서 병창이라 했을까. 원래 병창이란 소리를 맞추어 노래를 하거나 가야금과 같은 악기를 갖고 연주를 하면서 노래한다는 뜻이다. 본래의 뜻으로는 왜 이 길에 이런 이름이 붙었는지 종잡을 수가 없다. 온몸에서 솟아나는 땀으로 미역을 감는다. 숨은 가쁘다 못해 헐떡거리고 있다. 그리고 무사히 끝까지 기어올랐다.

■ 미륵불탑

 오대산(五臺山)에서 서남쪽으로 분맥한 차령산맥은 원주지방에 이르러 크게 솟아올라 매화산(1,085m), 천지봉(1,087.1m), 비로봉(1,228m), 향로봉(1,042m), 남대봉(1,181.5m), 응봉(1,094m), 희봉산(766m)을 만들었다. 이들은 장장 100리에 걸쳐 있는데, 그 모양은 C자형이다. 봉우리들은 원주시와 원성군 그리고 동쪽의 횡성군과 영월군의 경계가 된다.

 치악산은 바위로 이루어진 암산이면서도 흙으로 마루가 이어져 있고, 광활하며 험한 편이다. 물론 암봉과 삭벽(削壁)이 무쌍하게 사나운 산은 아니다. 곳곳에 솟은 크지 않은 바위 봉우리들이 노송과 어울려 퍽 아름답다. 그중에서도 남대봉 북쪽의 만경대와 비로봉 서쪽의 삼봉(1,072m), 투구봉(1,002m) 그리고 도끼봉(877m) 등은 빼어난 자태를 지녔다.

 비로봉에서 구룡사 앞을 지나 학곡리로 북류하는 구룡계곡, 남대봉에서 남쪽으로 흘러 신림쪽으로 흐르는 상원골은 참 멋들어졌다. 영원사-금대리계곡, 보문사-국향사-행구동계곡, 입석사-석경사-황골계곡 등은 등산객들이 선호하는 오솔길이다. 동쪽으로 수림과 물이 많은데, 마치 커다란 도마뱀이 머리를 북동쪽으로 기어올라 태백산 너머 동해로 가려는 듯 발버둥치고 있다.

 이곳에는 세 개의 돌탑이 있다. 이들은 모두 미륵불탑으로, 산신탑, 용왕탑 그리고 칠성탑이라는 이름으로 각각 불리고 있다. 원주에 사는 용창중(龍昌重) 씨가 당시 60세의 나이로 신의 계시를 받고 쌓은 것이라 한다. 전국을 돌아다니며 돌을 구해 3년 동안 만들었다는 이야기도 있고, 세 바다, 세 강의 돌을 모아 쌓았다는 이야기도 있다. 그가 탑을 거의 완성할 무렵 강풍과 폭우가 그가 애쓴 작품들을 다 무너뜨렸다고 한다. 그래서 다시 3년을 더 일해 완성한 후 숨을 거두었다는 것이다. 보기 좋은 탑들에 한 노인의 고귀한 희생이 숨어있는 것이다. 지금은 등산객들이 기념사진 촬영의 배경으로 이 탑들을 많이 이용하고 있다.

탑에 머리를 숙이고 용 노인의 명복을 빌었다. 빈 몸으로도 오르기 어려운 산을 무거운 돌을 지고 어떻게 오를 수 있었는지. 정상에 탑을 쌓으리라는 그의 집념은 존경받아 마땅하다.

돌탑군을 사진기에 담고 우리는 갈 길을 재촉한다. 여기 비로봉에서 향로봉을 거쳐 남대봉으로 간다면 그 거리는 자그마치 25km로, 10여 시간이 넘게 걸리기 때문에 여유가 없다.

■ 하산

- 석경사 길

비로봉에서 서쪽을 향하여 주능선을 타고 비탈길을 내려가면 1,060m의 안부에 이르게 된다. 그곳에서 음료수로 목을 축이고 경사가 더 급한 소로를 따라 여러 개의 산허리를 돌아 내려가니 600m 지점에 입석사가 있다. 거기서 용 씨 노인이 큰 돌을 지고 오르던 경사길을 내려가는데, 가파른 경사에 몸이 휘청한다. 작은 고개 너머 외딴집을 지나 개울을 건너 큰 길로 나갔다. 얼마를 가니 계단 위에 석경사가 나타난다. 그곳에는 운곡 원천석의 유업이 남아 있다.

고려의 신하였기 때문에 제자인 태종이 불러도 벼슬을 마다하고 피한 운곡 원천석, 고려를 멸망시킨 조선이 싫어 치악산 기슭에서 밭을 갈고 농사를 지으며 생을 마친 그 기개와 푸르름. 운곡의 고려에 대한 충절을 읊은 유명한 〈회고가(懷古歌)〉 시비가 서 있어 여기 그 내용을 옮긴다.

"흥망이 유수하니 만월대도 추초로다 오백년 왕업이 목전에 부쳐지니 석양에 지나는 객이 눈물겨워 하노라."

고려가 망한 후 유신(遺臣)임을 자처하고 역사의 수레바퀴에서 느끼는 허무와 서글픔을 읊은 운곡의 심정이 하산길 석양 아래 더욱 서럽게 빛난다.

■ 영원사 길

　향로봉에서 서쪽으로 깎아지른 비탈 아래 산새의 둥지 같은 보문사와 조선의 5악 중 동악단터가 남아있는 국향사를 거쳐 행구동으로 하산하면, 시간은 2시간 30분 정도 소요된다. 그러나 향로봉에서 남대봉을 거쳐 영원사로 가는 코스는 5시간 걸린다. 그래서 자칫 시간을 맞추지 못하면 상원사에서 1박을 해야 한다.
　남대봉(1,181.5m) 아래의 전나무 숲에 싸여있는 이 절의 위치는 해발 1,000m의 높은 고지다. 경내에는 300세가 되었다는 계수나무가 일품이다. 대웅전과 요사채, 객사 등 규모는 외롭지 않은 정도다. 대웅전 앞뜰에 마주보고 있는 아름다운 석탑2기는 맨 위에 보주를 얹었는데, 조각 솜씨는 섬세하고 정교하다.
　이곳에서 서쪽으로 굽은 등산길을 따라 가노라면 아들바위가 나타나고, 거기서 다시 서쪽으로 흐르는 골짜기를 얼마간 가면 영원사가 있다. 절 이름은 원래 영원사(永遠寺)였으나, 인조반정 후 영원사(鴿遠寺)로 바뀌었다. 혹시 아래 갈마재에 있는 영원산성과 어떤 관계가 있을지도 모른다. 영원산성은 서쪽 기슭의 해미산성과 더불어 험준하기 이를 데 없는 협곡 오지로서 임진왜란 때 크게 전승을 거둔 장소이다.
　머릿속으로는 이런저런 추측을 하며 발은 계속 앞을 향해 걸었다. 길은 치악산을 등에 대고 꼬불꼬불 금대로 이어져 있었다.

태백산(太白山)

1,556.7m

위치 : 강원도 태백시
       경북 봉화군 석포면

■ 여정

- 탄광촌

태백산으로 가는 길은 여러 군데가 있는데, 우선 여정의 시작 지점은 태백시로 잡아야 한다. 청량리역에서 열차에 몸을 실었다.

열차의 차창으로 뒷걸음쳐 가는 산천의 경치가 싱그럽다. 열려진 유리창으로 신선한 바람이 쏟아져 들어와 온몸에 부딪치고 달아난다. 제천을 지나 증산을 거쳤다. 사북·고한으로 정선, 삼척 등지와 더불어 태백탄광지대 석탄광구가 벌집처럼 연달아 뚫려 있다. 이 지역의 시냇물은 시커멓게 흐른다. 탄의 잔류물이 산자락까지 흘러내리고 있는 것이다. 그래서일까? 이 근처 어린이들은 그림을 그릴 때 물줄기를 흑색으로 칠한다고 한다. 이 지역에 광산이 운집해 있으니 그럴만 하다. 연간 국내 생산량의 30%로 640만 톤을 생산하고 있으니 말이다. 이러한 석탄 발굴 작업으로 인해 등산로도 통제받는다.

그래서 등산로는 대개 함백산 언저리의 정암광업소, 덕유탄광, 풍전탄광, 어룡광업소, 정동광업소, 삼척탄광, 상덕광업소 등 탄광을 비켜서 나 있다. 등산객들도 등산길다운 남쪽 장군봉 쪽으로 향하고 있다. 열차는 어느새 태백역에 도착했다. 태백시에서는 현동(현리)간을 운행하는 버스가 수시로 있다. 버스를 타고 백단사 또는 유일사 입구인 등산기점에서 내릴 것이다. 오는 도중 버스대합실에서 버스 운행노선과 시각을 수첩에 적었다. 강릉과 울진 및 봉화에서도 태백행 버스가 자주 운행되고 있다. 동서울터미널에서 오는 직행버스는 40~50분 간격으로 운행되는데, 5시간이면 이곳에 도착할 수 있다.

■ 믿음의 뿌리

- 천제단(天祭壇)

한반도의 척추 역할을 하는 태백산맥

태백산은 추가령지구대(秋哥嶺地溝帶)로부터 강원도와 경상도의 동부를 남북으로 뻗어있는 우리나라에서 제일 큰 산맥인 태백산맥의 주봉으로, 그 위용이 장엄하다.

이 산은 금강산, 설악산, 오대산, 태백산 그리고 일월산으로 이어지고 있는, 사람으로 말하면 척추 역할을 한다고 할 수 있다.

산의 밑뿌리는 300여 리에 달하고, 능선의 갈래가 10여 개나 된다. 풍수지리학적으로 본다면 태백산은 종산(宗山) 구실을 하고 있고, 한반도의 혈은 바로 이 산에 있다고 하겠다.

태백산맥은 예부터 "한밝뫼"라고 불렸다. 이것은 큰 광명을 뜻하는 것이다. 이 큰 광명은 유한적인 인간들에게 무한의 신앙을 싹틔웠다. 이 신앙의 시작은 단군의 창조 이래부터라고 할 수 있다. 태백산은 역사적으로 신라 때부터 토함산, 지리산, 계룡산, 팔공산과 함께 오악(五岳)으로 꼽혀 신령시 되어왔다.

태백산 천제단

매년 봄·가을이면 열흘에 한 번씩 젊은 남녀가 모여 제사를 지낸 것으로 기록되어 있다. 예부터 신령으로 추앙받아온 것이다.

그러나 실제로 등산해 보니 산이 커서 장중하기는 하지만 산세가 유순하고 암봉이 없는 육산(肉山)이므로 모악(母岳)이라고 이름을 지었으면 어땠을까 생각된다. 행정상으로는 강원도 영월군 상도읍과 태백시 그리고 경북 봉화군 소천면 훈양면을 밟고 있다. 또한 태백산은 700여 리에 달하는 낙동강의 시원지(始源地)가 된다.

정상에는 석단(石段)이 높이 쌓여져 있다. 옛날 사람들이 하늘에 기도 드렸던 천제단(天祭壇)이다. 이 산 주변에는 단군성조(檀君聖祖)를 받드는 대종교 신도들이 살고 있다고 한다.

- 단종비각(端宗碑閣)

단종비각은 노산군으로 강등된 단종이 유배지 영월에서 숨을 거둔 후 그 혼이 백마를 타고 태백산으로 와서 산신(山神)이 되었다 하여 세워진 비각(碑閣)이다. 이것은 정상 부근에 있다.

단종은 1452년 12세의 어린 나이로 양부모를 여읜 채 외로이 보위에 올랐다. 그러나 그는 숙부인 수양대군(首陽大君)의 야심으로 재위 3년 만에 양위(讓位)하고 상왕(上王)이 되었다. 그런데 수양대군이 즉위한 이듬해 성삼문, 박팽년, 하위지, 이개, 유응부, 유성원의 단종복위 사건이 터졌다. 단종은 그 일로 노산군(魯山君)으로 강등되고 영월로 귀양을 온다. 그후 또다시 금성대군의 복위운동이 발각되었다. 이것이 직접적인 화근이 되어 1457년 10월 23일 단종은 사약을 받았다. 꽃망울을 미처 피워보지도 못하고 한많은 세상을 하직한 것이다. 그래서 너무 애통한 그의 혼은 하늘로 오르지 못했다. 혼령은 백마를 타고 이 태백산으로 화(化)했다는 것이다.

동강(東岡)에 버려진 단종의 시신은 영월에서 호장(戶長)을 지내던 엄흥도라는 이가 수습했다. 엄흥도는 아무도 모르게 시신을 동을지산(冬乙旨山)에 묻었다. 영영 풀리지 않을 것 같은 그의 한은 중종 11년(1516) 왕명으로 노산군묘를 찾고, 선조 13년(1580)에 묘를 확장하고, 숙종 24년(1698)에 정식으로 복위됨으로써 풀린다. 단종묘는 장릉(藏陵)이라 한다.

오늘도 태백산 정상의 비각에 담긴 그의 넋은 오가는 이들의 발걸음을 묵묵히 바라보고 있다.

- 망경대(望鏡台)

황지

망경대는 망경사(望鏡寺)로 이름이 바뀌었다. 이 절의 창건설화는 신앙적인 것의 하나다.

문수보살(文殊菩薩)이 석불(石佛)로 화신(化身)해서 이곳에 나타났다. 보살은 정암사(淨岩寺)에서 노년을 지내던 자장율사(慈裝律師)에게 망경대로 가서 절을 지으라고 지시하였다. 그리하여 자장율사가 이 절을 창시하였다는 것인데, 이때가 신라 제28대 진덕여왕 6년이다.

함백산에서 말하는 정암사(淨岩寺)는 태백산자락에 있다. 정암사 창건설화에 나왔던 구렁이가 도사린 지점이란 어쩌면 낙동강 원류인 황지(黃地) 근처일지 모른다. 낙동강이 굽이굽이 비틀린 모양을 상징적으로 묘사한 것이 아닌가 생각되기 때문이다.

황지(黃池)는 지금 태백시 중앙에 위치한 수심 4m의 연못이다. 매일 5천 톤의 맑은 물이 솟아나오고, 수온은 평균 15°C를 유지한다. 지질적으로 물에 잘 녹는 석회암질이 발달되어 지하에는 대형의 수로가 형성되어 있으리라는 것이 학자들의 견해이다.

황지엔 매일 5천 톤의 맑은 물이 솟는다

우리들이 경탄하는 것은 해발 700m의 높은 고지에서 어떻게 거센 물줄기가 솟아 낙동강의 원천이 되었냐는 것인데, 참으로 당혹스럽지 않을 수 없다.

- 바다돌로 지은 마노석탑

정암사에서 오른쪽으로 200m쯤 올라가면 수마노탑이 있음을 알리는 안내판이 있다. 이름이 아주 생소해서 안내판을 비롯해 여러 고서적에서 탑에 대한 정보를 찾아보았다.

정암사에서 200m 높은 곳에 세워진 수마노탑

　이 탑은 한 변이 약 3m쯤 되고 밑에는 4기단이 설치되었는데, 그 위로 8층 탑신을 올리고 맨 위에 보륜(寶輪)을 얹은 것이다. 총 높이는 약 8~9m이다. 탑의 맨 위에서부터 시작해서 세 번째 층까지 크기가 급격히 줄어들었다. 그러나 조형미가 없이 만들어진 것은 아니다. 원래 5층탑이었던 것을 조선조 후기에 정암사 스님들이 3층을 더 올린 것이라 한다. 마노석탑이 무엇보다 주목을 끄는 것은 탑의 석재가 좀처럼 생각하기 힘든 바다돌이라는 것이다. 산에 있는 것이 아닌 바다의 바위라는 것이 이상해서 연혁을 조사해 보았다. 이 탑은 조선조 숙종 39년(1713) 취인봉·자인당이 중수를 하고, 1719년에는 천민이, 1771년에는 취암성우가, 1775년에는 서빈이 각각 중수를 하였다. 1975년에는 문화재 관리국에서 해체, 복원하였다고 한다. 해체 당시 탑 안을 보니 사리와 불지절, 치아 불장주, 영주 그리고 구경이 보관되어 있었다고 한다.
　이 탑의 창건에는 아주 신화적인 이야기를 찾을 수 있다. 자장율사

(慈裝律師)는 당나라 산서성(山西省)의 청량산(淸凉山) 운제사(雲際寺)에서 기도를 하다가 문수보살(文殊菩薩)의 진용(眞容)을 뵈었다. 율사는 석가세존의 사리와 치아, 가사 그리고 패엽경 등을 전수받는다. 그가 귀국할 때 서해의 용왕은 용궁에서 보관하고 있던 보석인 마노석(瑪瑙石)을 선물로 주어 배에 싣고 가게 했다고 한다. 율사는 배를 우리나라 울진포에 댄 후 신통력을 발휘하여 배 안의 보물 등 짐을 갈래산(葛來山)에 옮겨 아무도 모르게 땅에 묻었다가 후일 이 탑을 만들 때 사용했다고 한다. 탑의 이름은 수마노탑이라고 했다. 탑의 재료인 마노석이 수운(水運)으로 반입되었기 때문에 이름을 지을 때 수(水)자를 앞에 붙였다고 한다.

불교에서 탑을 세우는 것은 원래 공양(供養)의 뜻과 함께 국태민안(國泰民安)을 염원하는 불심의 표상이다. 수마노탑에는 부처님의 사리가 보관되어 있어서 옛날부터 수많은 불자들의 예불과 기도의 대상이 되고 있다.

- 삼갈반지

자장율사는 맨 처음에 태백산 산자락에 있는 사북리 불소위 산정에 탑을 세우려고 했다. 그러나 공사 도중에 번번히 무너져서 뜻대로 이루어지지 않았다. 그래서 율사는 정성을 다해 몇 날을 기도드렸다. 그러던 어느 날 밤 칡(葛)이 돋아났다. 그것은 세 줄기로 뻗어서 갈라져 자랐다. 줄기는 길게 자라서 어느 지역에 가서 멈췄다. 율사는 그곳에 수마노탑과 적멸궁 그리고 사우(寺宇)터를 세웠다. 이곳의 이름은 삼갈반지라 한다. 이 고장 이름도 갈래라 하였으며 절의 명칭도 갈래사라 했다. 역사적으로 신라 선덕여왕 14년이다. 이후 자장율사와 삼태기 거사(居師)의 이야기를 함백산 편에서 언급했으므로 여기서는 줄이기로 하겠다(자장율사 이야기는 〈삼국유사〉 권사 자장율사 편에 자세히 나와 있다).

■ 정상에서

　정상에는 검은 수성암으로 차곡차곡 쌓인 천제단이 있다. 가운데에 '한배검'이라고 새겨진 입석이 놓여 있다. 자장율사가 이곳에서 문수보살이 돌부처가 되어 솟아오르는 것을 보고 창건했다는 망경사는 바로 코 밑에 함초롬히 놓여 있다.
　조선 비애의 주인공인 단종이 영월에서 숨을 거둔 후 태백산의 산신으로 화했다는 전설의 어린 단종비각은 이 망경사에서 천제단으로 오르는 길목에 있다. 어느 것 하나 그냥 지나칠 수 없는 믿음과 역사의 유적들이다. 먼 옛날에 있었을 소망과 성불(成佛)과 비애의 주인공들의 유물인 것이다.
　발 아래 동해의 푸른 물이 굼실댄다. 콘크리트로 쌓아올린 동해시의 북서쪽에는 두타산과 청옥산이 가지런히 솟아있다. 오른쪽에는 통고산과 일월산이 영덕과 포항 앞바다를 가리고 있다. 서쪽의 백화산과 희양산은 속리산까지 연봉으로 이어져 뻗었다. 가리왕산 너머로 오대산이 가물댄다.
　동으로 흘러내린 계곡은 오십천이 되어 황지(黃地) 서편으로 흘러 낙동강의 원천이 된다. 망경대에서 발원하거나 화방재에서 수원이 되는 그것들은 함께 합류하여 소도리로 흘러 문곡리에 이르고 황지천이 되어 강원도 땅에 젖을 먹인 후 동해로 흘러가는 것이다.
　태백산은 어떻게 보면 미련하게 덩치만 크다고 할 수 있을지 모른다. 그러나 바로 이 산이 우리나라의 중추 역할을 하고 있다. 비록 육산(肉山)이지만 광활하고 거대한 우주의 포부를 생각하게 한다. 반사적으로 인간이라는 미세한 분자도 함께.

■ 망경사(望鏡寺)

망경사는 대웅전과 샘으로 되어 있는 용왕각, 그리고 두서너 개의 요사채와 객사로 이루어진 절이다. 이 절은 한국전쟁 당시 불에 탄 것을 주지의 노력과 불자들의 성금으로 법당을 세워 그런대로 면모를 갖추고 있다. 이 절 남쪽에는 문수봉이 솟아있다. 이 망경대까지는 2km 정도의 거리이다. 그러나 능선을 따라 돌면 5km, 1시간이 더 걸린다. 망경사에서 바라보는 문수봉은 크고 작은 암석들이 솟아있어 장관을 이룬다.

망경사 7층 석탑

■ 하산

 하산길은 서벽리로 내려와 춘양역으로 오거나 황지나 철암 쪽으로 내려갈 수 있다. 그러나 부근의 무연탄 광산으로 경관이 깨끗하지 못하고 시냇물이 혼탁하다. 천제단에서 1,546봉 능선을 따라 문수봉으로 오는 길은 큰 돌이 덮인 너덩걸지대로, 그런대로 등산길답다. 이 길은 단종비각과 망경사를 지나 비탈길을 통해 가거나 천제단에서 1,546봉의 능선길을 따라 밟을 수도 있다. 물은 없다. 그러나 고통스럽지는 않다. 숲을 헤치고 능선에 올라서면 부드러운 곡선으로 펼쳐진 초원이 마냥 뒹굴고 싶은 동심을 선사한다.

태백산은 과연 한밝이요, 태백(太白)임을 실감할 수 있다. 아쉬운 마음으로 등산에서 내려와 문수봉 서쪽 고개에서 단군성전이 있는 당골로 내려왔다. 그 계곡길은 직립한 암벽으로 스릴을 맛볼 수 있다. 태양은 붉은 기운이 감돌며 서쪽 산 깊은 늪으로 빠져들고 있다. 산 그림자는 어두운 계곡으로 길게 번져간다. 당골에서 태백시로 가는 완행버스는 어두움을 뚫고 비탈길을 털털대며 굴러갔다.

팔봉산(八峰山)

309m

위치 : 강원도 홍천군 서면

■ 개관(槪觀)

　백두대간의 오대산(1,563.4m)에서 강원도 홍천의 오음산(930.4m)과 갈기산(685m)으로 이어진 산맥이 양평의 용문산(1,157.2m)까지 이어지면서 그 주 능선상의 통골고개(452m) 직전에서 북쪽으로 다시 갈라진 지맥이 매봉(800.3m)과 두릉산(594.8m)을 솟게 하고 홍천 강변에 솟아있는 산이 팔봉산이다.
　이 산은 비록 해발 309m의 낮은 산이지만 여덟 개의 바위봉우리가 마치 8형제가 서로 팔짱을 끼고 있는 것처럼 이어져 있어 그 자태가 매우 아름답다 하겠다. 더욱이 자그마한 수석처럼 숲속에 뽀족뽀족 솟아오른 암벽과 기암괴석이 굽이굽이 감도는 홍천강의 맑은 강줄기와 어우러져 그 경관이 매우 수려하다.
　그래서 옛날 선비들은 홍천강이 이 산을 굽이굽이 아홉 굽이 휘돌아 흐르고 있다 하여 구곡강(九曲江)이라 부르기도 하고 팔봉산은 그 구곡강 줄기에 아홉 치마를 두른 산이라 노래를 지어 부르기도 하였다 한다. 그래서 이 산과 강은 사시사철 피서객이나 등산객들이 찾아들고 있다. 그러나 또 이 산은 8개의 봉우리들이 험준하게 솟아있고 암반의 급경사로 로프를 잡고 오르내리거나 수직에 가까운 사다리를 타야 하므로 팔다리 힘은 물론 용기와 투지와 극기 또는 두뇌를 써야 하는 등반(클라이밍)인지라 초보자들은 힘든 산이라 하겠다.
 이 산은 그렇게 어려우면서도 한편으로는 경관이 아름답고 바위봉우리 곳곳에 노송과 어우러진 암반이 많아 자주 쉬어갈 수 있다. 암반 위에 앉아 그 아래 푸른 강물을 내려다보노라면 어려움도 잠시 사그라지고 많은 감상을 하게 하여 등산의 묘미를 더 없이 즐길 수 있는 산이라 하겠다.

■ 가는 길

 팔봉산에 가려면 팔봉유원지로 가야 한다. 등산로 입구가 유원지에 있기 때문이다. 팔봉유원지는 홍천강에 있다. 홍천강은 원통, 인제에서 홍천을 지나 이곳 팔봉산 주변을 거쳐 북한강으로 흘러드는 강이다. 홍천강 주변에는 모곡유원지를 비롯하여 밤벌, 개야, 말골유원지 등 많은 유원지가 있는데 그 중에서 팔봉유원지에는 비교적 깨끗한 백사장이 있고 물도 깊지 않아 어린이들이 물놀이하기에 적당할 뿐 아니라 그리 높지는 않지만 팔봉산이 솟아 있어 경치가 좋은 관계로 그 중 대표적인 유원지라 할 수 있다.
 이 유원지가 있는 홍천군 서면으로 가는 길은 대개 국도를 이용하는 것이 좋다. 팔당대교 북쪽에서 양평을 거쳐 홍천으로 가는 44번 국도를 달리다 보면 단월교차로가 나온다. 이 교차로를 빠져나가 단월 방향으로 70번 지방도로를 타고 계속 가노라면 대명비발디파크 입구를 지나게 된다. 이 파크는 스키장이 있을 뿐 아니라 수영장까지 겸비하여 물놀이 시설도 되어 있는 다목적 레저타운으로 이름이 나있어 찾기가 쉽다. 이곳 입구를 지나 반곡교를 건너자마자 만나는 삼거리에서 우회전하면 팔봉산유원지다.
 대중교통으로 춘천 시외버스터미널에서 1일 12회 운행되는 시내버스를 이용하면 50분이면 팔봉유원지에 갈 수 있다. 경춘선 열차를 이용하여 남춘천역에서 하차하여 왼쪽에 있는 시내버스 승강장에서 팔봉산 유원지를 경유하는 두미리행 시내버스를 타도 된다. 홍천에서도 시내버스는 반곡리까지 1시간 30분 간격으로 운행하고 있는데 50분 걸린다. 팔봉산 유원지에 도착하면 주차장이 있고 주차장 주변에는 관리사무소와 식당들이 있다. 그 주차장에서 홍천강을 가로지른 팔봉교가 보이는데 그 다리까지 도보로 10분가량 걸어가서 다리를 건너면 매표소가 있다.

■ 위험한 등반길

등산 들머리에 들어서서 산비탈길을 왼쪽으로 돌아 10여분 올라가니 능선이었다. 능선을 따라 얼마를 오르다보니 갈림길이 있었는데 오른쪽은 1봉으로 가는 길이고 왼쪽은 2봉으로 가는 길이었다.

1봉으로 아주 오르지 않고 2봉으로 갈 수도 있고 능선안부에서는 다시 1봉으로 오를 수도 있었다. 또 등산로는 매표소에서 강을 따라 내려가면서 2봉과 3봉 사잇길로, 5봉과 6봉 사잇길로, 7봉과 8봉 사잇길로 갈 수 있었고 8봉길로 갈 수도 있었다. 통나무로 만든 다리를 건너 로프를 따라 비탈길을 엇비슷하게 올라갔다. 안내판이 있었다. 그 이정표는 양팔을 벌리고 안내를 하고 있었는데 왼팔은 쉬운 길, 오른팔은 험한 길을 가리키고 있었다.

장거리 여행이고 보니 쉬운 길로 들어섰다. 한참을 가다보니 바위와 소나무가 어우러진 등성이었는데 이곳부터는 능선길이었다. 1봉에 거의 갔을 무렵 안내판이 또 서 있었다. 오른쪽 바윗길로 가면 1봉으로 오르고 왼쪽으로 가면 1봉을 거치지 않고 2봉으로 간다고 안내하고 있었다. 1봉으로 가려면 로프를 붙잡고 가야 했다. 1봉에는 암봉 위에 오고가는 등산객들에 의하여 쌓여진 돌탑이 있었다. 그 옆으로 둥근돌에 1봉이라 쓴 표시석이 인상 깊게 놓여 있었다.

제1봉

  2봉 쪽으로 내려가는 길은 암벽으로 로프가 매어져 있었다. 더 아래쪽의 침니(Chimney, 암벽에 굴뚝 모양으로 생긴 균열)에는 철사다리가 놓여 있었다. 1봉과 2봉 사이 안부에서도 안내판이 있었는데 이곳에서도 2봉을 거치지 않고 3봉으로 가는 길이 있었다. 2봉에는 당집과 칠성각이 있었는데 그 안에서는 기도를 드리는 사람들의 소리가 들려왔다. 2봉에서 내려오니 그 산 밑에서 2봉과 3봉으로 직접 올라오는 등산길이 보이고 있었다. 안부에는 둥그스름한 언덕에 긴 의자가 놓여 있어 잠간 휴식을 취하였다. 휴식 시간에 펼쳐지는 조촐한 음식을 나누어먹는 연회(宴會)는 우리들에게 살아있다는 존재를 느끼게 하고 있었다. 어려운 산행은 언제나 우정을 두텁게 하기 때문이다.
  다시 3봉을 오르기 시작하였다. 암벽에 설치된 철사다리와 철다리를 힘을 다하여 통과하였다. 상봉은 정상으로 2봉보다 7m가량 더 높은 곳이었다. 그러나 제일 높은 곳은 장군바위로 올라갈 수 없는 곳이었다. 옛날에 오랫동안 비가 오지 아니하면 이 장군바위에 치마를 입히고 기우제를 지냈다는데 이 바위가 남근(男根)을 상징하기 때문이라는 것이었다. 여성을 상징하는 것은 4봉에 있는 해산(解産)굴로 유래되고 있었다.

3봉에서 바라본 시내 풍경

3봉에서 바라다보는 전망이 장관이었다. 저 멀리 용문산을 비롯한 운길산, 명지산, 화악산, 삼악산, 가지산 등이 장엄하게 바라보이고 있었다. 높은 곳에서가 아니면 느껴볼 수 없는, 어렵게 살아왔기에 지금은 행복하다는 인생의 정회(情懷)가 솟아오른다. 밑에서만 이 산을 바라보았다면 이러한 고소(高所)의 사상을 느끼지는 못하였을 것이다. 3봉에서 내려와 4봉으로 오르는 길도 로프와 철사다리를 이용해야 하는 험한 길이었다. 팔다리 몸통까지 힘을 합쳐야 하는 등반길이었다. 3봉에서 4봉 사이의 중턱에는 10m의 침니 위쪽에 여성을 상징하는 해산굴이 있었다. 겨우 몸통 하나 빠져나갈 만큼 좁은 굴속을 지나려면 마치 애기 낳는 것과 같은 진통과 고통을 느껴야 하기 때문에 해산굴이라 한 것 같았다. 너무 어려워서 그러한지 이 굴을 많이 지나 갈수록 무병장수 한다는 것이었다. 그래서인지 장수(長壽)굴이라는 전설이 내려오고 있었다. 굴 통로가 너무 좁으니 배낭을 미리 벗어 머리 위에 올려놓고 몸을 뒤로 돌려 굴속 벽에 붙이고 힘을 다하여 빠져 나왔다. 몸무게가 70kg 이상으로 뚱뚱한 사람들은 우회 길로 돌아오려고 처졌다. 우리 일행은 앞에서는 끌어주고 아래쪽에서는 받쳐주고 야단을 떨며 무사히 올라섰다. 고통을 겪고 올라선 4봉은 더욱 뾰족한 암반으로 좁다란 봉우리였다. 그러나 5봉에서 8봉까지 아름다운 경관이 바라다보여 어려웠던 4봉의 등반을 곧 잊게 하고 있었다.

　봉우리 표지석 역시 둥근돌에 색인된 것으로 이 산에는 표지석이 거의 같고 안내표지는 팔을 벌리고 있는 모습으로 비슷했다. 5봉은 잘록한 부분에서부터 철사다리가 놓여 있었는데 험한 등산길로 어려운 것은 마찬가지였다. 6봉이나 7봉 사이에는 자그마한 산언덕이 있고 그곳부터 노송들이 많아져 기분은 더욱 상쾌해지고 있었다.

　6봉에서 7봉으로 가는 안부는 더 넓고 노송들이 어우러져 운치가 더 좋았다. 그러나 7봉으로 가는 길은 철사다리와 로프를 이용하여 오르내리고 다시 돌 언덕을 오르내리다가 또 다시 올라야 했다. 7봉은 다른 봉우리보다 유난히도 날카로운 암릉이었다. 7봉에서 내려와 8봉으로 가노라니 7봉과 8봉 사이의 안부는 8개의 봉우리 중 가장 길었으나 경사가 없어 산행에 원만하고 굴도 지나는 등 묘미가 있었다. 그런데 "8봉은 가장 위험한 곳"이라는 경고판이 있었다.

　하산할 적에 7봉과 8봉 사이의 잘록이에서 하산하는 것이 안전하다는 내용이었다. 우리가 보는 8봉은 가장 낮은 봉우리였다. 내친 김에 8봉으로 오르기 시작하였다. 철사다리와 쇠 난간이 있는 줄 알았으나 로프밖에 없었다.

　그러나 등산을 어느 정도 한 사람들은 수직에 가까운 경사라도 바위틈과 뾰족 솟은 모서리를 붙잡거나 발을 디디고 올라갈 수가 있었다. 다행히 이 길은 미끄러운 암반길이 아니고 울퉁불퉁 조각난 바위가 많아 발을 디디고 로프를 잡고 힘겹게 정상에 올라섰다. 8봉의 정상은 꽤 넓은 곳이었다. 기묘하게 생긴 암반에는 노송들이 뿌리를 박고 살아가고 있어 더욱 운치가 있었으며 그 밑에 푸른 강물이 감돌고 있어 산수의 어우러짐이 천하절경다웠다. 8봉에서 내려오는 코스는 북쪽에 있는 나선형으로 안전하게 돌아내려가는 길이 있었으나 일행 몇 명이 곧바로 내려오기로 하였다. 조심조심 내려가노라니 발 딛기가 어려운 평평한 암반이 많아 난처하였다. 그러나 다행히 100여m 쯤 로프가 매여 있어 로프를 잡고 암벽 파진 곳을 딛고 내려왔다. 그렇게 내려올 적에야 왜 이 길이 위험하다는 경고판이 있었는가를 알 수 있을 것 같았다.

　눈이 많이 오거나 비가 올 때에는 특별히 주의하지 않으면 아니 되겠다고 다짐하며 내려온 곳은 바로 푸른 강물이 감돌고 있는 강가의 자갈밭이었다. 강가를 따라 매표소가 있는 곳으로 거슬러 올라가노라니 강물에 깎여 푹 들어간 곳은 절벽에 좁은 외 쇠다리를 질러놓고 어깨 높이로 늘여놓은 밧줄을 붙들고 줄타기를 하며 아슬아슬 건너야 했다. 팔봉산은 낮은 산이라고 얕잡아보면 아니 되는 산이었다. 험한 암봉길은 등산하는 사람들로 하여금 스릴을 느끼게 하고 아름다운 경관은 묘미를 느끼게 하고 있었다. 매표소까지 원점으로 회귀하는 데는 3시간 남짓 걸린 셈이었다. 홍천강의 맑은물은 여전히 유유히 흐르고 있었다.

함백산(咸白山)

1,572.9m

위치 : 강원도 태백시 정선군 고한읍

■ 변화되어 가는 탄광촌

- 막장의 사양길

함백산을 가는 길은 고한읍에서 하차하여 정암사를 경유, 함백산 서쪽의 만항까지 들어가는 버스를 타고 가는 것이 가장 빠르다. 사북을 비롯한 고한·태백·통리·도계·동백산·정선 등이 거의 탄광지대로 우리나라 석탄산업의 중심이다. 그러나 석탄산업은 고도로 발전되어가는 문화로 말미암아 사양길로 접어들고 있다. 그래서 나는 탄광촌 마을이 어떻게 변화되고 있는지 궁금해서 사북에서 하차했다.

우선 생산량이 가장 많다는 동원탄좌에 들러 기관원을 만나보았다. 그의 말로는 1993년인 지난해만 해도 연간 200만 톤을 생산했는데 금년에는 70만 톤을 생산할 예정이라고 한다. 고한의 삼탄탄좌 그리고 통리의 경동탄좌 역시 연간 100만 톤 생산하던 것이 60만 톤으로 줄었다고 한다. 그러나 그것마저 소비가 가능하지 않자 정부에선 아예 광산 문을 닫으려 했지만, 채탄으로 삶을 영위해가는 주민들이 반대하여 5년을 더 연장하기로 했다는 것이다. 담당자는 한숨을 쉬었다.

사람이 먹고 살아간다는 것이 무엇인지. 그 많은 직업 중에 광부가 되어 안전대책이 무방비 상태인 지하 막장에서 혹독한 노동을 해도 돌아오는 것은 형편없이 적은 임금이다. 그것으로는 먹고 살아가기 어려울 뿐 아니라 빚더미 속에서 헤어 나올 수 없다. 광부들이 진 빚은 평생 동안 그들의 월급으로는 갚을 수가 없을 것이다. 그러다가 사고라도 한번 나서 광부가 죽게 되면 가족은 빚만 떠안는다. 쥐꼬리만 한 보상으로 장사를 해보기도 하지만 생전 해보지 않던 것이라 망하기 십상이다. 그러고 나면 다시 하릴없이 가련한 신세로 돌아오는 것이 광부의 아내들이다.

이곳 실정은 어린 학생들의 가슴에도 어두운 그늘을 드리웠다. 어느 책에 실린 사북초등학교 학생의 글짓기를 소개해 본다.

막장

나는 지옥이 어떤 곳인줄
알아요.
좁은 길에다
모두 컴컴해요.
오직
온갖 소리만
나는 곳이어요.

인간에게는 꿈이 있다. 그래서 지옥 같은 막장에서 일할지언정 악착같이 저축한다. 땅을 사고 그곳에 자신의 명의로 된 작은 집을 짓고 가족들과 옹기종기 살아보겠다는 희망으로 절박한 현실을 헤쳐나가고 있다. 지금 이대로 절망이 오고 꿈은 먼 곳에 있는 듯 아련할 뿐이지만 희망을 놓지 않고 이겨내는 것이다. 그러나 에너지가 석탄에서 석유로 바뀌면서 폐광이 늘어나자 그들의 자그마한 꿈은 무너져 내리기 시작했다. 규모가 작은 탄광은 사북의 동원이나 고한의 삼척·삼탄, 통리의 경동 석공 등 대기업에 소속되어 명맥유지를 하고 있지만,

대다수의 탄광은 위기를 맞았다. 따라서 막장의 인생들은 직업을 잃고 꿈이 있던 삶마저 빼앗긴다.

사북의 다닥다닥 붙어있는 루핑집의 창틀은 누런 슬레이트 지붕 밑에서 바람에 덜렁거리며 침묵의 정적을 깨어 가고 있었다.

■ 대체산업 고랭지 농업

그러나 무슨 일인지 높은 산지대에는 외곽도로가 다시 생기고 자동차들이 쉴 사이 없이 달리고 있어 생기가 돈다. 태백산맥을 눈앞에 두고 백두대간과 낙동정맥이 갈라져 나간 험준한 산 속을 지나 산꼭대기까지 꼬불꼬불 뚫린 도로는 도시의 그것 못지않게 잘 닦여있다. 고지대 탓인지 귓전이 멍멍거리는 산마루를 자동차로 올라갔다. 차창으로 보이는 것은 산비탈과 모퉁이 그리고 산마루 할 것 없이 넓은 배추밭들이다. 밭은 믿기 어려울 정도로 넓다. 그리고 밭에는 골이 파여 있고 모두 배추가 심어져 있다. 고랭지 농업이다.

험난했지만 천직으로 알고 종사했던 광부라는 직업을 잃은 사람들은 한낱 도시 빈민으로 지낼 수 없어 산골짜기에 화전을 일군 것이다. 처음엔 감자와 귀리, 옥수수 등을 키웠으나 당장 허기진 배를 채우기는 어려웠다. 몇 년간 떠나는 사람, 남은 사람, 새로 오는 사람들로 뒤죽박죽이더니 어느새 도시 사람들보다 소득이 높은 고소득 농가로 변했던 것이다. 그래서 사람 팔자 알 수 없다는 것일까. 고랭지 채소는 꽤 높은 농가 자원으로 변했던 것이다. 다른 지방에서도 여름에 재배하지 못하는 배추나 무를 고지대의 서늘한 자연조건을 이용하여 재배하고 있다고 한다. 이곳 산들은 보통 해발 1,000여m가 넘을 정도이기 때문에 여름날씨도 서늘하고 하루해도 짧다. 최고 덥다는 7, 8월도 섭씨 20°C를 오르는 법이 드물다. 그러니 배추벌레나 진딧물 또는 다른 해충들도 평지보다 적어 배추 재배에 안성맞춤인 것이다. 물론 이곳이라고 해서 배추농사가 무조건 쉬운 것은 아니다. 높은 산비탈이다 보니 밭갈이를 하거나 재배하여 거둬들이는데 농기계를 사용할 수가 없다는 문제가 있다. 트랙터로 밭갈이를 하고 자동차로 운반하려다가는 전복되기 십상이라고 한 농부가 말해주었다. 그래서 이런 높은 곳에서의 농사일은 기계가 아닌 소로 이루어진다고 한다. 아닌 게 아니라 농촌 풍경답게 소가 밭갈이를 하고 짐을 운반하고 있다. 풍경이 참 정겹다.

■ 관광레저단지로 조성

다행스럽게도 정부에서는 폐광지역에 레저타운을 건설할 방침이란다. 앞으로 지속적으로 정선은 물론 태백, 삼척, 영월군 등 폐광지역을 개발하여 스키장, 골프장, 호텔 그리고 콘도미니엄 등 종합레저타운을 건설할 예정이라고 하니, 높은 곳에서 바라보는 탄광지역들이 측은해 보이지만은 않다. 이것은 국가 발전에 커다란 전환점이 될지도 모른다. 벌써 진작부터 이곳 폐광지역을 진흥지구로 지정하여 지역적으로 종합관광레저단지를 조성하고, 지역특화개발기반지로 시험하며 그 적합성을 강구하고 있다니 기대해 볼 만하다. 이 계획으로 태백지역에 백병산스키장, 서학레저단지, 함백산수렵장, 삼척황스키장, 화전민속촌, 상덕골프장, 영월장산스키장, 정선고조리조트, 지장산리조트 그리고 게르마늄온천욕센터 등의 건설이 추진될 것이라고 한다.

그러나 이런 개발로 인해 아름다운 산이 훼손되어서는 안 될 것이다. 지나친 원형 파괴는 다시 돌이키기 어렵다. 혹 되돌리려 하더라도 자연의 대수술로 끝나지는 않는다. 사람은 파괴된 자연 속에서 신음할 것이다. 마구 파헤쳐 드러난 산의 속살에 쏟아지는 햇살은 우리들의 눈을 찌푸리게 한다. 탄광지가 개발되기 전에 기억해두고자 자동차 운전은 한결 더 빨라지고 있었다.

■ 고한(古汗)

　적막감이 돌던 사북을 넘어 승용차는 어느새 계곡을 따라 고한 땅을 달리고 있다. 계곡에는 시커먼 석탄 조각이 나뒹굴고, 암석은 석탄을 머금어 검붉은 빛깔을 띤 채 흩어져 있다. 헌 슬레이트 지붕을 이어붙인 광산마을과 고한초등학교를 지나니 갈래초등학교가 시야에 나타났다. 이곳이 곧 하갈래다.
　옛날 자장율사가 사북의 불소위 산정에 탑을 세우려 하였으나 번번히 무너져 뜻을 이루지 못했다. 그래서 율사가 간절히 기도를 드렸더니 하룻밤 사이에 칡이 돋아났다. 그것은 세 줄기로 뻗어서 지금의 수마노타 적멸궁 절터에 멈춰섰다. 그리하여 그곳에 정암사를 세우게 되었다는 것이다. 삼갈반지가 바로 이곳이다. 이 지역 고장 중 갈래라는 이름을 가진 지역이 있다. 상갈래는 막장의 석탄광부들이 모여 사는 곳이고, 중갈래는 운수업을 비롯한 중간교역업자들이 산다. 하갈래는 상가와 학교가 있는 곳으로 바로 고한땅이다. 하갈래에서 곧바로 길을 오르면 정암사를 만날 수 있다.

■ 정암사(淨暗寺)

　- 아늑한 절터
　정암사는 주위 경관이 아름답고 공기가 맑아 상쾌한 기분이 들었다. 끊임없이 드나드는 불자들은 절에 활기를 불어넣었다. 이곳에는 공해에 매우 민감하다는 열목어가 서식하고, '살아 천 년 죽어 천 년'이라는 천연기념물 주목들이 즐비하게 늘어서 있다.
　일주문 밖 공터의 주변에 차를 주차시키고 걸어서 올라가며 절을 바라보았다. 정암사는 아늑하고 짜임새 있는 공간에 세워져 있다.

주목, 약초, 희귀식물들이 펼쳐 있다

 가파른 산자락에 절묘하게 자리를 잡고 있는데 공간을 최대한 활용한 것 같다. 전체 형태는 제비집 모양으로 붙어 있다. 다른 절은 탑과 전각의 대부분이 대웅전 앞, 또는 옆에 배열 건축 되었는데 이곳은 전각과 탑까지 산자락에 놓여 있다.
 일주문을 들어서니 근년에 건축된 선불도장(禪佛道場)을 중심으로 우측으로는 고색어린 적멸궁(寂滅宮)이 세워져 있다. 그 앞뜰은 꽤 넓다. 선불도장을 끼고 돌아서면 요사채와 관음전이 있고, 그 위쪽으로 삼성각과 자장각이 정답다.
 이 절에서 가장 자랑하는 보물 제 410호인 수마노탑(水瑪瑙塔)은 마당을 가로질러 뒷산 돌계단을 따라 200여 미터 올라가면 볼 수 있다. 탑에 올라서니 절의 여러 건물들 지붕이 먼 옛날의 세월처럼 무게 있게 내려다보인다. 가깝게는 고한읍이 계곡에 파묻혀 있고, 멀리는 겹겹이 쌓인 산맥이 기러기처럼 포개져 날아간다.

고한읍에서 바라본 함백산 정상

- 선장단(禪杖壇)과 자장율사

　1,300여 년 전 자장율사는 문수보살의 계시에 따라 갈반지(葛盤地)를 찾아 큰 구렁이를 쫓은 후 그 자리에 적멸보궁과 수마노탑을 짓고 석가모니의 정골사리를 모셨다고 하는 것은 앞서 설명한 바 있다. 적멸보궁 앞에는 한 그루의 주목나무가 있다. 이것은 그 옛날 자장율사가 짚고 다니던 지팡이였다. 율사가 땅에 꽂아둔 것이 생명으로 피어나 나무가 된 것이라고 안내판에 기록되어 있다. '선장단'이라는 이름의 이 주목을 바라보노라니 마음은 더욱 숙연해진다. 자장율사의 근엄한 모습이 보이는 듯하다.

　자장율사는 말년에 수다사(水多寺, 지금 평창에 사지(寺址)만 남아있다)를 짓고 그곳에 거주하였다. 그러던 어느 날 꿈 속에 북대에서 본 이역승이 나타났다. 그는 "내일 그대를 대송정(大松汀)에서 만나리라."하고 사라졌다. 이튿날 율사가 대송정에 가니 문수보살이 나타났다.

선장단

　보살에게 법요(法要)를 묻자, "태백산 갈반지(葛盤地)에서 다시 만나세." 하며 자취를 감추었다. 자장율사가 태백산에 들어가 갈반지를 찾는데, 어느 나무 아래 큰 구렁이가 있는 것을 보았다.
　그는 시자에게, "여기가 갈반지다."라고 말하고 석남사(石南寺, 지금의 정암사)를 짓고 문수보살이 나타나기를 기다렸다. 어느 날 다 떨어진 방포(方袍)에 죽은 강아지를 칡삼태기에 담은 노인이 왔다. 노인은, "자장을 만나러 왔다."고 하였다. 자장의 시자는, "아직까지 우리 스승의 이름을 부른 사람이 없는데, 당신이 누구길래 이름을 함부로 부르느냐?"라고 물었다. 그러나 노인은 "너의 스승에게 그대로 고하기만 하라."고 하였다. 시자가 안으로 들어가 스승에게 사실 그대로 말하니 자장은, "미친 사람인가 보다."라고 하며 나가지 않았다. 시자는 다시 밖으로 나와 노인에게 욕을 하며 쫓았다.
　그러자 노인은, "돌아가리라, 돌아가리라. 아상(我相, 자아에 대한 집

착)이 어떻게 나를 알아보겠느냐?" 하며 칡삼태기를 쏟았다. 그러자 삼태기 안의 죽은 강아지는 사자보좌(獅子寶座)로 변했다. 노인은 그 것을 타고 빛을 내며 번개같이 사라져 버렸다. 사자보좌를 탔다는 것은 노인이 곧 문수보살이라는 것을 의미하는 것이다. 시자는 이 놀라운 사실을 자장에게 아뢰었다. 자장은 의관을 가다듬고 황급히 밖으로 나왔지만 보살은 이미 흔적도 찾을 수 없었다. 문수보살을 찾아 나섰던 자장은 드디어 땅으로 떨어져 숨을 거두었다.

■ 정상에서

정상 주변에는 주목들이 즐비하게 늘어서 있다. 온몸에 태고의 신비가 엄습해온다. 태백산을 비롯한 일월산과 백운산, 가리왕산 등이 멀리 또는 가깝게 전망된다.

정상 주변에 늘어선 신비스러운 주목들

광활하고 거대하게 펼쳐진 산맥에는 수많은 야생 꽃이 아름다움을 자랑하고, 초록빛 수림으로 우거진 산등성이마다 약초와 희귀식물들이 펼쳐져 있다.

　신비스러운 주목과 고사목에는 칡덩굴과 으름, 머루 덩굴이 얽혀있다. 산딸기와 머루, 아기배는 귀엽게 가지에 달려 있다. 모두가 제각각인 듯 했지만 분명 눈에 보이지 않는 어떤 질서가 있다. 그것은 손에 잡힐 듯하면서도 영원한 신비의 세계 속으로 들어가 버린다.

　등산을 하면서 언제나 이런 야릇한 감성에 헤맨다. 크고 높은 산맥들. 이 광대하고 불변한 산맥에 비하면 우리들은 과연 어느 정도의 가치를 가지고 있나. 과연 우리 존재가 있는 것과 없는 것이 어떠한 차이점이 있을까. 한참을 상념에 사로잡혀 장엄하며 엄숙한 산처럼 살아보자고 되뇌었다. 이러다가 다시 세파에 접어들면 언제 그러했느냐는 듯이 마음이 잡다해지겠지만 말이다. 함백산은 그 무엇인지 알 수 없는 확고한 신념을 우리들에게 안겨주었다. 웅장하고 장렬한 산봉우리 때문이다.

계곡 맑은 물에는 열목어가 서식하고

회령봉(會靈峰)

1,309.4m

위치 : 강원도 평창군 봉평면
　　　홍천군 내면

■ 오지(奧地)의 봉평(逢坪)

　해발 1,309.4m의 회령봉이 있는 강원도 봉평은 우리나라 영서지방의 오지 중에서도 안골마을(a village in the ravine)이다. 회령봉은 차령산맥의 어간에 있다. 회령봉 서남으로는 홍정산(1,276.5m)과 태기산(1,161.4m)이 있다. 또 1,125m봉, 봉복산(1021.5m) 그리고 운부산(980.3m)이 춘천쪽으로 이어져 있다. 회령봉의 안골 하늘 아래 첫 동네가 봉평이니, 이곳이 지형적으로 얼마나 오지인가를 알 수 있다. 그러나 지금은 영동고속도로가 이곳을 뚫고 나가 기술문명의 손길이 이곳에도 미치고 있다.

　해발 1,000m 이하의 산봉우리가 별로 없는 이곳 봉평일대는 두메산골로, 사람들은 감자, 조, 콩, 보리, 기장 그리고 피 등을 가꾸어 삶을 꾸려나가고 있다. 지대가 높은 곳에서는 고랭지 채소를 재배한다. 수만 평의 초지가 조성된 목장도 있다. 또한 오대산 월정사, 용평스케이트장 등 관광객이 몰릴 만한 시설도 충분히 갖추고 있다. 산림이 전체 지형 중 83%인 이곳은 이제 날이 갈수록 번창해가고 있다.

　영동고속도로로 여주, 이천을 지나 원주에 접어들었다. 치악산부터 고도는 점점 높아져 대관령에 닿았다. 진부령과 운두령의 구불거리는 산맥은 하늘까지 연결되어 있는 듯하다.

■ 명인(名人)의 배출

– 이율곡(李栗谷)의 잉태

조선조의 대학자인 이율곡(李栗谷)은 이곳 봉평땅에서 잉태된 것으로 알려져 있다. 중종 31년(1536) 어느 봄날 강릉 친정에 있던 신사임당은 꿈을 꾸었다. 커다란 흑룡이 방으로 들어오는 것이었다. 꿈을 꾸고 나서 신사임당은 무언가 예견되는 것이 있었는지 그 길로 판관대(判官垈)가 있는 이곳 봉평으로 왔다. 우연히 그날 한양에 있던 사임당의 남편 이원수(李元秀)도 왔다. 그래서 그날 밤 율곡이 잉태되었다고 한다.

율곡은 대학자로서 많은 업적을 남겼다. 그가 죽고 76년 후 현종은 이곳 봉평에 율곡의 업적을 기리기 위해 봉산서제(蓬山書薺)를 세운다. 곧 이율곡의 사당이다. 사당은 지금도 봉평의 언덕 위에 반듯하게 있다.

인성(人性)과 천리(千里)의 원리를 연구한 성명(性命)과 이기(理氣) 관계를 논한 그의 유교철학은 조선조 성리학에 큰 영향을 주었다. 그의 사상은 기발리승일도설(氣發理乘一塗說)로 대표된다. 이(理)와 기(氣)는 처음부터 동시에 존재하여 영원히 떨어질 수 없다는 것이다. 이(理)는 조리(條理)의 당연한 법칙으로 우주의 체(體)고, 기(氣)는 조리를 구체화 하는 활동성으로 우주의 용(用)이라 주장하였다.

그는 제자들에게 동방지성인(東方之成人)이라는 칭호를 받을 정도로 존경받았다. 그는 기호학파(畿湖學派)의 시조로 조선 학계(學界)에 공이 지대하다. 숙종 8년(1682)에는 문묘(文廟)에 모셔졌고, 황해도 백천(白川)에 문회서원(文會書院)을 만들어 그에게 제사를 지냈다.

- 이효석(李孝石)의 탄생

소설가 이효석(1907~1942)은 이곳 봉평에서 면장(面長) 시후(始厚)의 아들로 태어났다. 그는 제일고등보통학교를 거쳐 경성제대 영문과를 졸업했다. 이효석은 예과(豫科) 때부터 교우동인지(交友同人誌)인 「문우(文友)」, 「청량(淸凉)」 등에 「동의 시장(冬의 市場)」, 「육월의 조(六月의 朝)」 등을 발표했다. 1928년에는 「조선지광(朝鮮之光)」 7월호에 단편 「도시와 유령」을 발표함으로 문단에 등단한다. 그 후 「북극사신(北極私信)」, 「노령근해(露嶺近海)」 등 경향적(傾向的)인 성격을 가진 단편을 발표했다. 그는 유진오(兪鎭午)와 함께 동반작가(同伴作家)라는 평을 받는다.

그러나 1933년 「조선문학」 창간호에 단편 「돈(豚)」을 발표하게 된 것을 기회로 종전의 경향성(傾向性 inclinztion)을 버렸다. 「메밀꽃 필 무렵」, 「산」, 「여수(旅愁)」 등 서정적 작품을 많이 썼는데, 이때가 효석문학의 전성기라 하겠다. 그는 체홉, 맨스필드, 씽그, 로렌스 그리고 켓셀 등 외국 작가로부터 많은 영향을 받아 진정한 서국적(西國的) 현대성을 문학으로 구상화했다. 또한 단편소설의 예술성과 그 기법면에서 새로운 경지를 개척하였다.

그는 사망하기 몇 년 전 평양대동공전에서 교수생활을 하다가 1942년 5월 25일 창전리(倉田里)에서 36세로 단명하였다. 해방 후 「효석문학전집」으로 3권이 나왔다. 그가 쓴 장편으로는 「화분(花盆)」, 「벽공무한(碧空無限)」, 「거리 위 목가(牧歌)」 등이 있다. 앞서 얘기한 것 외의 단편으로 「노령근해」, 「성화(聖畵)」, 「황제(皇帝)」 등이 있다.

비록 한반도의 외진 위치에 있지만 학문과 문학에서 각각 이율곡과 이효석이라는 대가(大家)를 낳은 봉평은 축복받은 땅이라고 하지 않을 수 없다.

메밀꽃

■ 여정

봉평은 매달 2일과 7일이 장날(市場)이다. 산촌의 장날에는 약초를 비롯한 더덕산채, 산공예품 등 먹거리와 구경거리가 많다. 그래서 장날 등산하기로 했다.

장은 소담스럽다. 그런데 정작 산에서 나는 생산품은 적다. 오히려 농공예품이 농산물과 반반을 이루고 있다. 장에 오자면 장평에서 봉평행 버스를 타고 종점인 창동에서 하차한 후 택시를 이용하는 것이 빠르다. 장평까지는 강릉에서도 버스가 수시로 있다. 서울에서 장평행 버스는 동부터미널에서 30분 간격으로, 상봉터미널에서는 1시간마다 출발한다. 시간은 3시간 정도 소요된다.

등산기점인 보래동 끝집 앞까지 택시가 올라갔다. 도로는 어지간히 넓은 편이다. 그래서 마을 이름을 덕거리(德巨里)라 지었는지 모르겠다. 아직 비포장인 돌밭 길을 지날 때는 자동차가 너무 털털거려 엉덩이가 아플 지경이다. 자동차가 오르막길에서 헐떡대고 있을 때쯤 산골 집들은 점점 듬성듬성해졌다. 드디어 산골짜기에 접어드니 적막감이 찾아오고 숲의 뒤엉킨 가지는 하늘을 향해 빠끔히 뚫려 있다.

■ 등산길

초라한 빈 집을 넘어서니 갈림길이 나온다. 왼쪽은 보래봉으로 오르는 길이다. 보래봉길은 급경사이고 길이 험하니, 보래령 쪽으로 오르는 것이 낫다는 경험자들의 이야기가 생각나서 오른쪽 길로 접어들었다. 두어 번 산모퉁이를 돌아 산능선에 오르니 묵은 쑥대와 갈대가 뒤엉킨 길이 나왔다. 그곳을 지나 골짜기를 건너 희미한 등산길을 따라잡으니 양 옆으로 골짜기가 깊어져 간다. 깊은 골짜기 속을 1시간 넘게 오르니 보래령이다.

보래령은 언덕에 둘러싸여 사방으로 뚫린 곳이 하나도 없다. 오로지 나무숲뿐이다. 해발 1,000m가 넘을 것 같다. 할 수 없이 그대로 강행군을 하지만 길은 급경사고 험하다. 잡목과 풀뿌리를 붙들어가며 한발 한발, 고초를 겪으며 30여분 오르니 정상인 보래봉이 보이기 시작한다. 태양은 창공을 가르며 서편으로 기울어져 있다. 길은 험하고 갈 길은 멀었다. 인내와 극기가 필요하다.

바위길보다 밋밋하게 경사진 산길은 멀미가 난다. 수통의 미지근한 물이 꿀맛 같다. 보래봉은 둥글넓적하다. 잠시 쉬었다 다시 걷기 시작했다. 1시간 후, 1260봉에 도달했다. 50평은 됨직한 산봉우리에 잡초만 우글거렸다. 주변으로 꽤 오래된 고목들이 죽어가고 있다. 전체적인 모양은 퍽 따분했다. 회령봉은 1260봉의 삼각점 중 남쪽에 있다. 그런데 회령봉 가기 전에는 높이가 꽤 되는 봉우리가 많다. 그러나 이름이 붙어있지 않다. 이런 거봉들이 지금까지 이름이 없는 이유는, 산이 깊고 봉우리가 많으니 모두에게 이름을 붙일 수 없었기 때문일 것이다. 드디어 꽤 넓은 구릉지인 회령봉에 도착했다.

■ 정상에서

태백산맥의 줄기는 동북쪽으로 뻗어내렸다. 계방산(1,577.4m), 1271.8봉, 1334.7봉, 1247.9봉 그리고 수많은 무명(無名)의 봉우리들이 웅장한 산군(山群)을 이루었다. 기러기 형상을 닮은 그것들은 너무나 순박해 보인다. 우리를 너그럽게 맞이하며 함께 인생을 논하고자 할 것만 같다. 그 크고 넓은 포용력으로 잡다한 인간사를 깨우치게 할 것이다. 그러나 산맥들은 너무 아득하게 멀리 있어 찾아갈 수가 없다. 다만 그들의 영원불멸할 영기(靈氣)가 피어오르는 것만 느낄 수 있을 뿐이다. 이 영기로 인해 영혼을 만날 수 있다고 해서 이름을 회령(會靈)이라 했는지도 모른다. 영혼을 만난다는 것은 곧 저승과 접한다는 말이 된다. 저승이란 것이 무언가. 그것은 속세와는 전혀 다른 세상이다. 영원한 시간을 가진 저승을 생각하니 헤어날 수 없는 현 삶의 실마리가 풀린다. 어떻게 하면 이생의 삶을 행복하고 만족스럽게 살 수 있는지를 말이다. 그것은 믿음이다. 원효대사의 깨달음처럼 모든 것은 마음에 달렸다. 그것을 가지고 있느냐 아니냐에 따라 환경이 바뀐다. "너를 믿고 주위 사람을 믿어라." 회령봉은 그렇게 속삭이고 있다.

■ 하산

회령봉에서 남쪽 1,200봉으로 뻗어내린 지능선상에는 초지와 잡목 그리고 산죽지대가 번갈아 연속된다. 1,200봉 남쪽에는 쌍묘가 있다. 이곳에 묘를 쓰기까지 매우 힘들었을 것이란 생각이 든다. 그러나 묘에서 안식을 찾은 영혼은 날마다 회령봉 신령과 대화할 것이니 외롭지 않을 것이다. 이곳에서 다시 남쪽 비탈을 타고 내렸다. 산죽은 바람에 몸을 맡겨 푸르게 구비치고 있다. 그들의 물결을 넘으면 낙엽송의 합창을 만날 수 있다. 그 소리와 함께 두릅나무가 나비처럼 너울거리며 춤춘다. 마치 산령을 위한 잔치를 벌인 듯하다.

이방골에는 맑은 계곡물이 졸졸 흘러내린다. 물은 굽이굽이에서 조잘댄다.

"우리들이 세상에 내려가 탁한 사람들을 순화시키자."라고 말하는 것 같다. 주변에는 수십 년 된 돌배나무가 이화꽃을 피웠다. 꽃과 계곡은 참 잘 어울린다. 그 아름다움을 가지고 싶어 한 가지를 꺾으니 이화꽃이 우수수 쏟아져 계곡물에 떠내려간다. 꽃의 향을 맡으며 부지런히 갈 길을 재촉했다. 덕거초등학교 앞에 도착하여 다리를 건너려 할 때 이미 하늘엔 깊게 어둠이 깔리고 있다. 이효석의 『메밀꽃 필 무렵』이 불현듯 생각났다. 허생원이 방앗간에서 성씨네 처녀와 만나게 된 그 인연이 눈앞에서 아른거린다. 다리를 지나 근처 상점에서 막걸리 한 잔으로 피곤을 달래며 택시를 불렀다. 또 하나의 산행은 이렇게 저물어갔다.

백두산(白頭山)

2,744m

위치 : 북한 함경남도, 함경북도
　　　중국 동북지방(만주) 길림성

■ 뱃길은 멀고도 험난한데

인천항에서 2005년 8월 26일 17시 30분에 출발한 단동 페리호는 무려 17시간이나 운행하여 그 이튿날 오전 10시에나 중국 단동(丹東)항에 도착하는, 중국과 한국이 합자로 경영하는 정원 410명이 승선할 수 있고 길이 100여m가 넘는 여객선박이었다.

수백 명이 합석할 수 있는 일반실에는 여행짐들을 놓을 수 있는 선반이 있고 몇십 명씩 사용할 수 있도록 다인실 칸막이를 해 놓고 매트리스 위에 하얀 시트를 씌워 실내는 한결 아늑해 보이기도 하였다.

선실 천정위에 붙어있는 자기번호를 따라 여장을 풀고 갑판위에 올라서니 여객선은 짜릿한 바다내음을 마셔가며 바람 한 점 없는 푸른 하늘을 이고 비취빛 서해 망망대해를 흰물결을 가르며 통통통 중국땅을 향하여 질주하고 있었다.

배 주위에는 숱한 갈매기들이 "까옥 까옥" 날아다니며 여객들이 던져주는 새우깡을 톡톡 잘도 채어가며 진풍경을 만들고 있었다.

그것도 잠시 푸른바다는 어느새 붉은 태양을 오렌지 빛 저녁노을로 감싸서 바다 깊숙이 삼켜버리고 밤하늘에 명멸하는 별빛을 받아가며 물소리만 철석대며 달려가고 있었다.

다시 선실로 들어오니 군데군데 일행끼리 모여앉아 소주잔을 기울이며 정담을 나누기도 하고 화투놀이, 트럼프, 장기, 바둑 등 시간을 보내려 오락놀이를 하는가 하면 그 옆으로 좁은 틈바구니를 헤집고 허리를 꼬부리고 새우잠을 자기도 하는데 원거리 여행의 고단함에서 인지 간간이 코골이도 하고 있었다.

멀고도 고된 뱃길이 고생은 되어도 처음 만난 남녀노소 각양각색의 색다른 여행이어서인지 숱한 인간 삶의 인정과 양보와 협동이 뱃고동 소리에 묻어나고 있었다.

■ 중국의 동북부 지방

이튿날 중국의 단동항에 내려 까다로운 입국심사를 받고 중국의 동북지방에 첫 발을 내디디었다. 이 동북지방은 요녕(遼寧), 길림(吉林), 흑룡강(黑龍江)의 3성(省)일대를 통칭하는 것으로 우리들에게는 만주(滿洲)로도 불리고 있다.

이 지방이 일제 침략시기와 민족수난기에 항일 독립운동의 주요 무대로서 우리 조상들의 숭고한 독립정신이 깃든 곳이라고 생각하여 보니 콧시울이 시큰거렸다.

더구나 이 지역은 연변조선자치구를 포함하여 백두산 서쪽 압록강 근교와 혼강(渾江)과 송화강(松化江) 중상류와 간도(間島)등지에 우리조선족이 200여 만 명이나 살고 있는 우리의 혼이 배어 있는 옛 우리땅임에 틀림없는 지역이었다.

중국은 고구려가 국내성(현 집안(集安))에서 서울을 평양으로 천도한 이후 그 이전 역사를 자기들의 일부라고 주장하고 있을 것이다.

요즘 중국이 추진하고 있는 동북공정(東北工程)은 왜곡된 역사를 바로 잡겠다는 역사 (歷史) 공정이 아니라 한국이 통일된다면 이 지방에서 반항할 우리 조선족을 잠재우고 영토분쟁을 사전에 차단해보려는

속뜻이 있는 것이 아니냐고 우리 일행들은 그 전략을 비웃으면서 여행사에서 지정한 버스에 올라탔다. 버스는 35인승 중국버스였다.

단동에서 길림성 통화, 백산, 백하를 거쳐 백두산 서쪽 입구로 가는 길은 그리 발달되지 않은 길로 울퉁불퉁한 노면을 따라 버스가 많이 흔들거렸다.

불규칙하게 뛰어대는 진동이 온몸을 녹초가 되도록 흔들어 놓기도 하고 단동에서 통화까지 7시간, 통화에서 백두산 입구까지 5시간을 타야 하는 지루함이 권태스럽기 그지없었다.

그러나 오직 우리민족의 개국설화가 서린 민족의 영산을 간다는 목적의식은 고통을 참아 내게 하고 있었다. 그 고통을 참으려고 차창 밖을 내다보면 광활하게 펼쳐지는 옥수수밭이 너무 넓기에 오히려 지루함마저 들게 하였다.

중국의 동북부지방은 옥수수, 대두(콩) 그리고 벼를 경작하고 있었는데 그 중에 옥수수가 거의 차지하고 있어 가도가도 끝이 없는 옥수수밭 벌판이었다. 그 많은 옥수수는 순 사람의 노동력으로 재배하고 있었는데 집집마다 나무로 엉성하게 옥수수 창고를 만들어 놓고 사람 힘으로 일일이 옥수수를 따서 벗기고 그 창고에서 말렸다가 낟알로 털 적에만 기계작업을 한다 하니 그 노동력이 과연 얼마나 들어가는 것인지 상상조차 할 수 없을 정도였다.

그들은 이렇게 소박한 삶을 살고 있었는데 이들을 족속별로 분류하여 보면 한족이 90.97%로 제일 많고 소수민족은 9.03%로 이 중에 우리 조선족이 93.2%로 제일 많았으며 대개가 동부의 연변을 비롯한 길림, 통화, 백산 등지에서 살고 있었다.

산천에 자라고 있는 초목마저 우리나라와 똑같다. 아카시아나무, 미루나무, 백양나무, 밤나무 그리고 우거진 잡풀들 하나하나가 우리의 혼이 배어 있어 덧없는 옛 고구려의 향수애가 살며시 젖어오기도 하였다.

버스는 여전히 터덜거리며 달리고 있었다. 그냥 평지를 달리는 듯 하였지만 귀가 멍하고 울리는 것이 적어도 1,000m이상의 고도를 달리는 것 같았다. 차창 밖으로 사방을 둘러보며 백두산을 찾아보아도 보이지는 아니하였다.

이제 가을철로 접어든 드넓은 평지 위에는 피었다 져 가는 야생화들만 드넓게 펼쳐져 있었다. 노란만병화, 구름송이풀, 털개불알꽃, 바위구절초, 너도개미자리… 이들은 좀 낯설기는 하였지만 다정해 보였다.

꼬불꼬불 하얀 시멘트 포장길로 평원을 넘고 넘어 자동차의 애끓는 엔진소리를 들어가며 얼마를 올라오려니 구릉과 계곡은 끝이 없고 시야에 걸리적거리는 것 하나 없는데 왼쪽으로 살며시 백두산 높은 산 구릉이 장엄하게 드러나기 시작하였다. 그곳에는 작은 매점과 화장실 등이 있는 주차장이 있었다.

■ 민족의 영산 백두산이여

주차장 옆길에 정차한 버스에서 내려 버스에 시달려 녹초가 된 몸 뚱아리에 기지개를 펴며 활력을 불어넣고 1200여 시멘트 계단으로 된 오르막길 40여 분 만에 백두산 옥주봉에 올라서니 헐떡거리던 숨소리마저 멈추는 듯한 장관이 눈앞에 펼쳐지고 있었다.

오늘따라 유달리 맑은 하늘 아래 푸르다 못해 코발트색으로 변해버려 그 모양이 너무나 고와 천지가 백두산이고 그 백두산 자체가 천지로 보였다.

9.165㎢의 넓은 칼데라호 평균수심이 213m인 깊은 곳.

그 둘레에는 하늘에서 내려주신 듯한 선녀가 열여섯 폭 비단 폭을 펼치고 그 옛날 성운시대로부터 원래의 구릉과 계곡에 혼을 불어넣고 하늘과 이야기하고 있는 듯했다.

마주 보이는 북한땅에 제일 높게 솟아 있는 장군봉 그 옆으로 삼기봉, 제비봉, 옥설봉, 향토봉, 쌍홍봉 그리고 중국땅에는 비류봉, 백암봉, 천문봉, 백운봉, 청석봉, 마천봉 등 2,500m가 넘는 것이 16봉이나 되고 제 각자 독특한 색깔을 자랑하며 실로 장엄하게 뽐내고 있으니 엄숙하다 못해 당혹스럽기까지 하였다.

 과연 민족의 영산 백두산이었다. 우리 민족을 개국한 단군이 이곳으로 탄강(誕降)한 것임이 틀림없었다. 우리나라의 모든 산줄기가 이곳부터 뻗어 내렸고 배달민족이 이곳에서 내려온 성산(聖山)임을 부정할 수 없었다. 너무나 신성스러워 숭배하지 않을 수 없는 산!

 아~ 우리민족의 영산 백두산이여!!

민족의 영산 백두산 천지

■ 우리의 슬픔

 그러나 이 영산 백두산은 우리의 피가 흐르다 막혀가고 있었다. 우리 배달겨레가 개국된 곳도 아니고 우리의 땅, 우리의 것이 아니었다. 그것은 중국의 장백산(長白山)이었다.

북한과 중국이 이 성스러운 민족의 산을 저희들 마음대로 반쪽으로 갈라놓고 남동쪽은 북한 것이 되고 서북쪽은 중국 것이 되어버린 것이다. 그리고 중국쪽은 장백산이라 이름 짓고 중국인들의 상술에 맞게 행락지로 탈바꿈하고 있었다. 그곳은 우리민족의 성산도 아니요 개국신화가 서린 곳도 아니었다. 5호경계구역이라는 푯말하나 박아놓고 국경이라 이름 지어 중국군인이 총을 들고 수호하고 있는 남의 나라 땅, 이 어찌 슬프지 않을 수가 있겠는가?!

우리민족 마음 속 깊이 자리 잡고 있는 성산! 먼 옛날 상고시대로부터 삼국시대, 고려, 조선조와 함께 숨을 쉬며 겨레의 정신적 지주로 우리를 이끌었던 영산! 그래서 더 슬플 수밖에 없었다.

■ 반쪽의 압록강

돌아오는 길에 우리 일행은 우리가 가야할 도로가 파손되어 안전시설이 미비하여 누구도 갈 수 없다는 압록강 강변도로로 우회하게 되었다. 그 강변도로는 무척이나 아름다운 풍경이었다. 6·25 당시 폭격으로 끊어진 압록강 철교 말고도 예쁘게 꾸며진 또 다른 철교도 보았고 계획되었던 신의주, 위화도, 월량도, 외에도 황금평, 다지도, 구리도, 우적도, 유초도 등 큰 섬들을 멀리서나마 더 보았다.

이 섬들은 1962년 북한과 중국이 조중변계조약(朝中邊界條約)을 맺으며 압록강에 있는 섬들 중 북한이 127개 그리고 중국이 78개를 나누어 가진 섬들 중에 북한의 영유권 섬이었다. 그러나 개탄스럽지 않을 수 없었다. 중국쪽은 무궁무진 발전하여 가는 개발국가로 문화의 혜택을 누려가고 있는데 북한땅은 어두운 장막으로 가려있는 듯 하였다.

반쪽의 압록강

더구나 한 발자국 사이인 일보과(一步跨) 표지가 있는 방산마을에서는 "한치 앞인데 왜 더 못가나" 하는 생각에 더욱 슬펐다.

■ 우리의 자존심 옛 고구려

반쪽된 압록강뿐 아니라 돌아오는 길에 고구려 수도였던 국내성(현재 집안(集安))에 들러 우리의 자존심이었던 광개토대왕 비(碑)와 왕릉 그리고 장수왕릉을 보면서는 걷잡을 수 없는 또 다른 슬픔이 분노로 변하여가고 있었다.

광개토대왕비(碑)는 비각을 방탄유리로 둘러 가둬 놓고 있었기 때문이다. 생기(生氣)를 뿜어야 하는 이 비가 얼마나 숨이 막히며 대왕의 혼은 얼마나 답답할까 하는 마음이 들었다.

비각 앞면에는 '국강상광개토경평안호태왕(國岡上廣開土境平安好太王)'이라 쓰여 있어 틀림없는 광개토대왕의 공식명칭이었다.

국강상은 무덤이 통구주변 동강 평원에 자리 잡고 있는데서 나온 말일 것이고 광개토경은 그 공적을 말한 것이며 평안호태왕은 대왕에 대한 공경의 뜻을 나타낸 것이리라.

비석면에는 육조(六朝)의 예서체를 가미한 고구려 특유의 서체로 4면에 1천 800여 자가 새겨져 있었으나 장수왕이 부왕의 업적을 기리기 위하여 415년에 세운 것으로 너무 오래되어서인지 판독할 수가 없었다.

다만 그 뜻은 고구려의 건국과 대왕의 즉위 그리고 대외진출의 업적, 능묘보존 관리문제 등 세 부분으로 요약된 것으로 간주되었다.

이 비각 인근에는 큰 분묘가 두 곳에 있었다. 하나는 장군총이라고 하는 것이고 또 하나는 그곳에서 원태왕릉안여산고여악(願太王陵安如山固如岳)이라는 명패가 나와 태왕릉이라 하였던 것이었다.

이 고귀한 역사적 유물들을 중국은 소홀히 하고 있었다.

그들은 고구려를 중국의 속국이었다고 왜곡하고 수치스럽게 영토를 빼앗긴 치욕을 감추어나가고 있는 것이다. 그래서 우리는 슬펐다.

424년간 찬란했던 고구려의 수도 성벽은 강둑으로 변하여 미개한 중국의 상술 도장으로 묻혀 가고 우리의 존경스러운 조상들은 능멸당하고 있으니 이 어찌 슬프지 않겠는가?!

"반갑습니다. 잘가시라요. 다시 만나요."

기계처럼 읊어대던 북한식당의 그 예쁘던 북한 복무원처녀의 구성지던 가락이 슬프고, 반 도막 된 압록강과 파묻혀진 고구려가 슬프다.

"이제, 우리 모두는 하루 빨리 통일을 앞당기어 우리 조국 영토를 되찾고 숭고한 조상들의 업적을 받들며 자주국가로서의 보람찬 깃발을 백두산에 휘날리자!"라고 다짐하며 우리 조양산우회 32명은 무사히 자유로운 우리나라로 귀가하며 〈백두산 천지〉라는 시를 다시 읊어 보았다.

백두산 천지

정재범(조양산우회 회장)

백의민족
영혼을 잉태한 성지
여기가
우리의 오늘을 이어온
넋의 원천이다

너무나 푸른 빛깔
그 빛으로
오천년 역사를 지켜왔고
찬란한 역사를 지켜오면서
민족 정기로 받들어 온 영봉

그러나
장백산 이름으로
등반길에 오르다 보니
광개토대왕의
우리를 향한 눈빛이 시립다